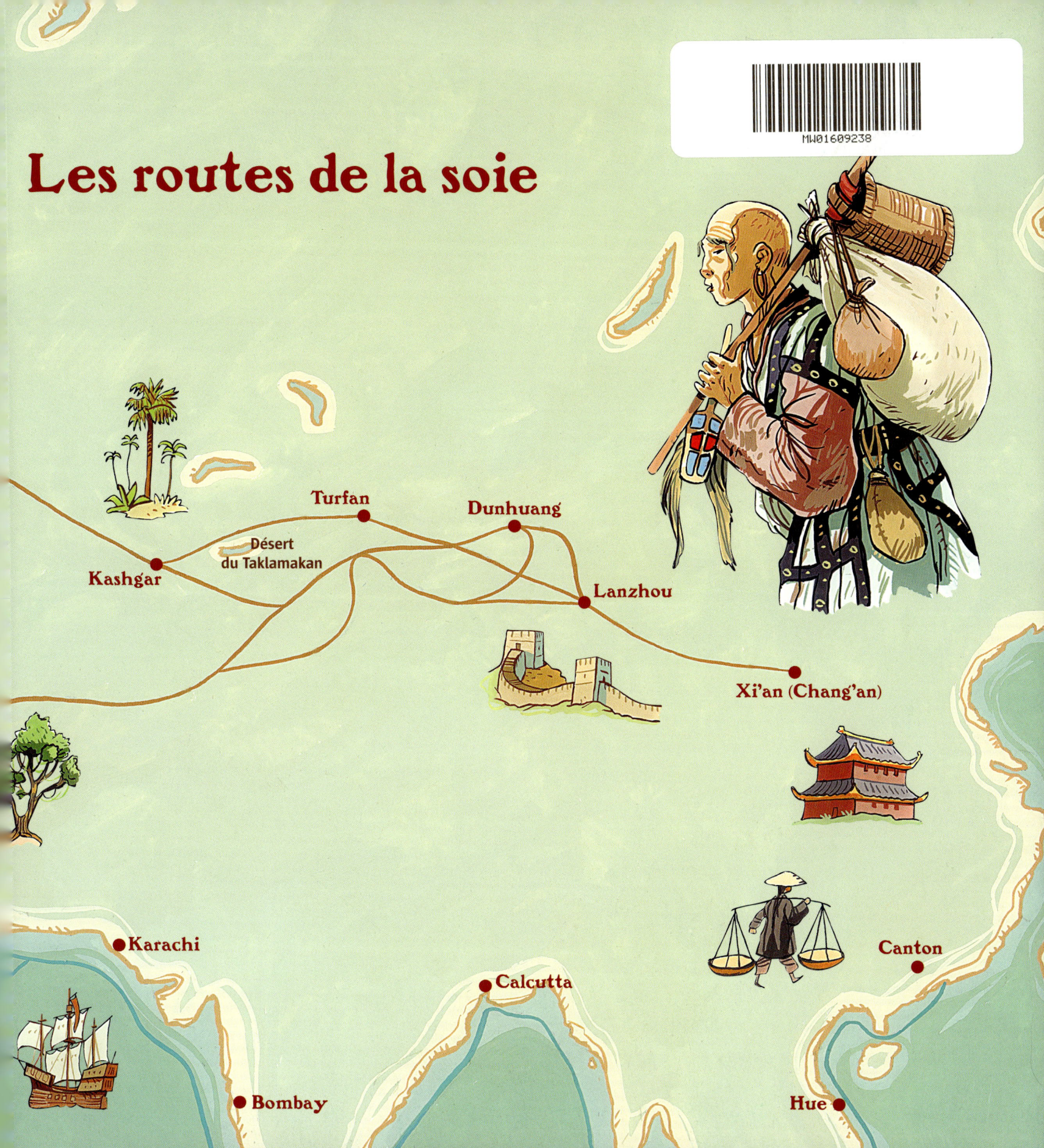

Les routes de la soie

Turfan

Dunhuang

Désert
du Taklamakan

Kashgar

Lanzhou

Xi'an (Chang'an)

Karachi

Canton

Calcutta

Bombay

Hue

Coordination éditoriale : Françoise Maitre
Conception graphique : François Egret pour Amulette

© Bayard Éditions, 2009
18, rue Barbès, 92128 Montrouge cedex
ISBN : 978-2-7470-2733-5
Dépôt légal : septembre 2009
Imprimé à Singapour

le Grand Livre

中國

des Sciences

科學

et Inventions

与發明

Chinoises

全書

bayard jeunesse

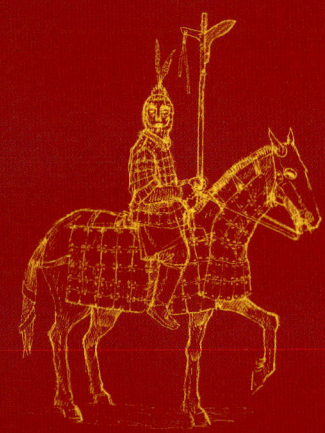

L'auteur

Jean-Michel Billioud est historien, formé à l'École des hautes études en sciences sociales (EHESS). Il met sa plume au service de l'édition depuis près de 15 ans. Il a écrit une soixantaine de fictions et de documentaires, pour des lecteurs de tous âges, et ses livres ont été traduits en une dizaine de langues. Il a récemment publié *L'Aventure du château de Versailles au temps de Louis XIV* (Bayard Jeunesse/Secrets des toiles, 2008) et *Incroyables Savanturiers* (Bayard Jeunesse, 2009).

L'illustrateur

Emmanuel Cerisier est diplômé de l'École supérieure d'arts graphiques de Paris. Ses dessins précis, détaillés et très réalistes illustrent de très nombreux livres de fiction et documentaires. Il a notamment publié *Dans les pas de Guillaume le Conquérant, Hastings 1066* (L'École des loisirs, 2007) et, dans la même collection que *Le Grand Livre des sciences et inventions chinoises*, *Le Grand Livre des sciences et inventions arabes* (Bayard Jeunesse, 2006).

L'experte

Danielle Elisseeff est chercheuse émérite à l'École des hautes études en sciences sociales (Centre d'études sur la Chine moderne et contemporaine) et enseigne à l'École du Louvre l'histoire générale des arts de la Chine et du Japon. Elle est l'auteure de nombreux ouvrages, parmi lesquels *L'Art chinois* (Larousse, 2007), *Cixi, impératrice de Chine* (Perrin, 2008) et *Art et archéologie de la Chine, du néolithique à la fin des Cinq Dynasties* (École du Louvre/RMN, 2008).

Sommaire

À quoi ressemblaient les grandes villes chinoises de l'époque des Ming (XVᵉ-XVIᵉ siècle) ? La ville de Pingyao, au nord-est de Xi'an, nous en donne une idée.

Un peuple inventeur

Les Chinois ont révolutionné l'histoire de l'humanité avec des découvertes extraordinaires comme le papier, l'imprimerie, la poudre à canon, la boussole, la porcelaine ou la soie.

Le génie chinois

Pourquoi ce peuple est-il à l'origine d'autant d'inventions ? Il y a plusieurs explications possibles, mais on peut en retenir deux. Tout d'abord, les Chinois aiment étudier leur environnement et parviennent à reproduire certains phénomènes naturels. Le papier ou la soie sont nés de ces observations attentives.

De plus, ils n'ont jamais cessé de multiplier les expériences pour perfectionner leurs techniques. C'est en testant de nombreux mélanges et des cuissons différentes qu'ils ont mis au point la porcelaine, par exemple.

Bien sûr, ces inventions ne sont pas apparues un jour précis, d'un éclair de génie. En Chine comme ailleurs, les découvertes scientifiques et techniques sont le résultat d'innombrables études ou expérimentations, qui se sont déroulées souvent sur plusieurs siècles.

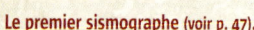

Le premier sismographe (voir p. 47).

Une jonque traditionnelle.

8

Des inventions qui parcourent le monde

Aussi brillants qu'ils aient été, les Chinois n'ont pas eu le monopole du génie scientifique. Ils ont souvent bénéficié de l'apport des autres civilisations. Les savants perses et indiens ont ainsi eu une grande influence sur les mathématiques chinoises.

Les inventions nées en Chine se sont souvent développées et perfectionnées sur les autres continents, où elles ont été diffusées par les voyageurs ou les soldats. Ainsi, la boussole, connue en Chine aux environs du Ier siècle, a été importée en Occident par les Arabes et a joué un très grand rôle dans les expéditions maritimes des explorateurs portugais et espagnols à partir du XVe siècle. De même, l'imprimerie, mise au point progressivement en Chine avant Gutenberg, a bouleversé l'Europe à l'époque de la Renaissance.

Les porcelaines de Chine (voir p. 36-37) sont connues partout dans le monde depuis le Moyen Âge.

Le riz est cultivé en abondance en Chine depuis 7 000 ans. Les premières plantations ont commencé dans les plaines humides. Puis les cultures se sont peu à peu étendues aux collines et aux montagnes. Celles-ci sont aménagées en terrasses pour retenir l'eau nécessaire à la riziculture.

Un territoire démesuré !

Aussi vaste qu'un continent, la Chine s'est longtemps crue isolée du monde.

Dans les campagnes de Chine du Sud, le buffle est le principal animal de trait. Il est très puissant et peut, sans difficulté, travailler les pieds dans la boue. Il est aussi moins gourmand en herbe que les ânes ou les mulets. Le buffle appartient souvent à un village, qui le met à disposition des habitants, ou bien à un paysan aisé qui le loue à ses voisins.

UNE MOSAÏQUE DE PEUPLES

La population chinoise est formée en grande majorité de Han, originaires des régions situées entre le fleuve Jaune et le fleuve Bleu. Au fil des siècles, le pays s'est enrichi d'une cinquantaine d'autres peuples, comme les Mongols, venus du Nord, les Hui, musulmans descendants des marchands persans, les Yao ou les Miao.

Un croissant géant

La Chine s'étire sur une largeur de 5 500 kilomètres du nord au sud et sur une longueur maximale de 5 200 kilomètres d'est en ouest. Sur ce territoire immense, les milieux naturels sont très contrastés, avec des déserts au nord, des plaines à l'est et des reliefs vers l'ouest.

La Chine ressemble à un immense escalier : le sommet se trouve dans l'ouest du pays (Tibet, Xinjiang), où sont situées certaines des chaînes de montagnes les plus hautes du monde, comme l'Himalaya. Puis l'altitude s'abaisse par « marches » successives jusqu'à la mer de Chine.

Le berceau du pays

Les premiers habitants vivaient dans la Grande Plaine de Chine du Nord, irriguée par le puissant fleuve Jaune. Vers 1500 avant Jésus-Christ, le premier État chinois de la dynastie des Shang est né sur ce vaste territoire, qui sera nommé Zhongguo, « le pays du milieu ». Ce nom évoque d'abord la position centrale de cette région, entre montagnes, déserts et océan. Puis il désigne le territoire où s'exerce une autorité, par rapport aux zones périphériques. Bientôt, il devient le nom de la Chine tout entière.

Les menaces extérieures

Les ancêtres des Chinois sont le plus souvent sédentaires* : ils sont agriculteurs ou artisans. Les éleveurs nomades de l'ouest et du nord viennent régulièrement envahir leur territoire. Certains arrivent parfois à leurs fins, comme les Mongols (dynastie des Yuan) et les Mandchous (dynastie des Qing), qui ont régné des siècles sur l'empire du Milieu. Pour se protéger, les Chinois ont tenté habilement de trouver des alliés parmi ces nomades et de briser leur unité.

Carte de la Chine actuelle

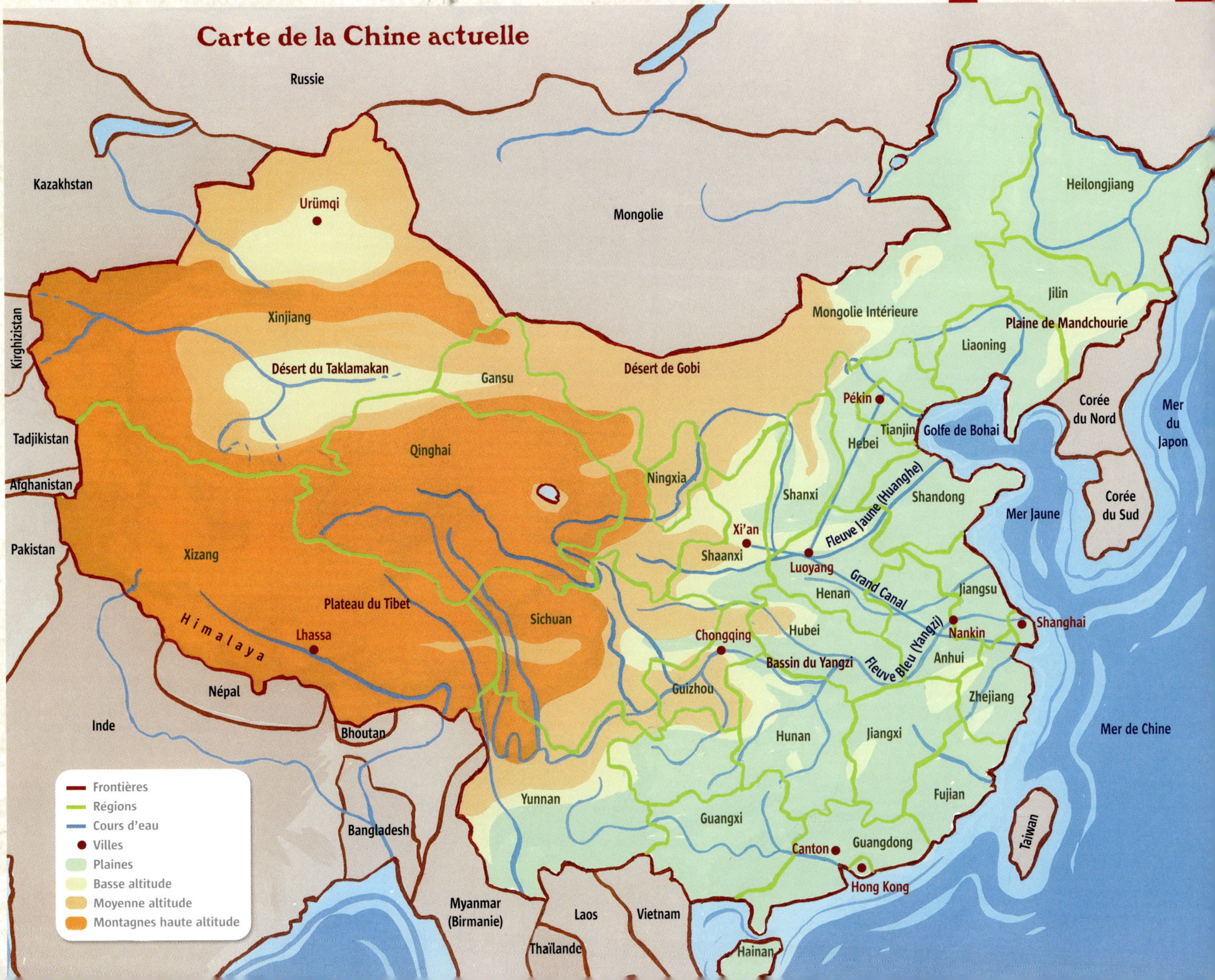

Russie

Kazakhstan

Urümqi

Mongolie

Heilongjiang

Kirghizistan

Xinjiang

Mongolie Intérieure

Jilin

Plaine de Mandchourie

Désert du Taklamakan

Gansu

Désert de Gobi

Liaoning

Tadjikistan

Qinghai

Ningxia

Pékin

Tianjin

Golfe de Bohai

Corée du Nord

Mer du Japon

Afghanistan

Hebei

Shanxi

Fleuve Jaune (Huanghe)

Shandong

Mer Jaune

Corée du Sud

Pakistan

Xizang

Xi'an

Shaanxi

Luoyang

Grand Canal

Henan

Jiangsu

Nankin

Shanghai

Plateau du Tibet

Sichuan

Chongqing

Hubei

Fleuve Bleu (Yangzi)

Anhui

Himalaya

Lhassa

Bassin du Yangzi

Zhejiang

Népal

Guizhou

Hunan

Jiangxi

Mer de Chine

Inde

Bhoutan

Yunnan

Guangxi

Fujian

Taiwan

Bangladesh

Canton

Guangdong

Hong Kong

Myanmar (Birmanie)

Laos

Vietnam

Hainan

Thaïlande

Légende :
- Frontières
- Régions
- Cours d'eau
- • Villes
- Plaines
- Basse altitude
- Moyenne altitude
- Montagnes haute altitude

L'appellation de « fleuve Bleu » donnée au Yangzi par les Français au début du xxe siècle ne reflète pas la réalité. Ses eaux, colorées par la terre qu'il transporte, sont plutôt brunes ou même rouges.

Les fleuves nourriciers

Nés dans les montagnes tibétaines, deux grands fleuves irriguent une grande partie du pays avant de se jeter dans la mer de Chine. Toujours généreux mais trop souvent meurtriers, ils ont joué un rôle essentiel dans l'histoire de l'Empire.

Le fleuve Bleu

Le fleuve Bleu (Yangzi), le plus long fleuve de Chine, joue un rôle capital. Il prend sa source au Tibet, et serpente vers l'est entre des gorges. Il atteint la mer de Chine orientale par un énorme delta, dans la région de Shanghai. Régulièrement inondé par les crues, le bassin du Yangzi est un vaste marécage. Au fil des siècles, des canaux et des digues ont permis d'y implanter de nombreuses rizières. Autrefois insalubre*, son delta est devenu le grenier de la Chine. Ce territoire abrite aussi des forêts de mûriers et de laquiers, deux arbres qui ont révolutionné l'art et l'artisanat chinois : les feuilles du premier servent à nourrir le ver à soie (*voir p. 42-43*) et la résine du second permet de fabriquer de beaux objets en laque (*voir p. 40-41*).

Le fleuve Jaune

Le fleuve Jaune (Huanghe) prend sa source au Qinghai et traverse des plateaux dans lesquels il creuse son lit, avant de parvenir dans la plaine. Son tracé sinueux le conduit jusqu'au golfe de Bohai, dans la mer Jaune. Lors de son long voyage, il se charge de loess, une terre jaune à laquelle il doit son nom. Sur son parcours, il tapisse la plaine de ses alluvions* très fertiles. Les premières civilisations chinoises se sont développées sur ce sol précieux. Les agriculteurs y cultivent le millet puis le blé, principaux aliments de la Chine du Nord. Les potiers utilisent cette terre qui peut être facilement modelée et supporte une cuisson à forte température.

Mais, si le fleuve Jaune est généreux, il est aussi très dangereux. Au printemps, la fonte des neiges l'a fait sortir de son lit des milliers de fois. Ses inondations dévastatrices lui ont aussi valu le surnom moins flatteur de « Chagrin de la Chine ».

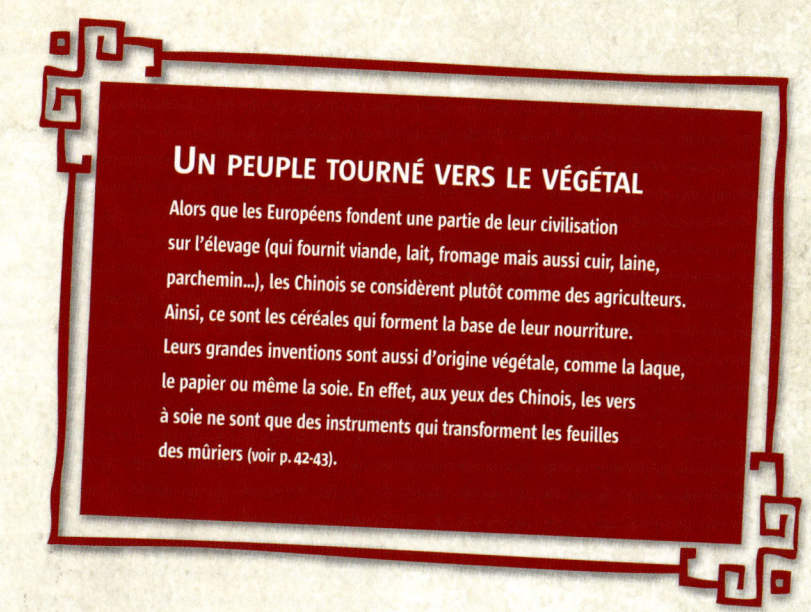

UN PEUPLE TOURNÉ VERS LE VÉGÉTAL

Alors que les Européens fondent une partie de leur civilisation sur l'élevage (qui fournit viande, lait, fromage mais aussi cuir, laine, parchemin...), les Chinois se considèrent plutôt comme des agriculteurs. Ainsi, ce sont les céréales qui forment la base de leur nourriture. Leurs grandes inventions sont aussi d'origine végétale, comme la laque, le papier ou même la soie. En effet, aux yeux des Chinois, les vers à soie ne sont que des instruments qui transforment les feuilles des mûriers (voir p. 42-43).

Formé par de nombreux bras qui se font et se défont, le fleuve Jaune s'étire comme un interminable dragon. Très puissant, il est teinté d'ocre par la terre de loess qu'il charrie. Il a longtemps gardé ses mystères : sa source n'a été localisée avec précision qu'en 1952.

Compter le temps

Les Chinois ont une façon originale et complexe de mesurer le temps.

À chacun son calendrier

La plupart des peuples se repèrent à partir d'un événement précis, comme la naissance d'un dieu, d'un prophète, ou la fondation d'une ville. Ainsi, les pays chrétiens comptent les années à partir de la naissance de Jésus, les pays musulmans à partir de l'Hégire, date de l'exil du prophète Mohammed à Médine. De manière générale, le temps est compté de façon linéaire à partir d'un an 1.

Le choix des Chinois

Les anciens Chinois n'ont pas choisi une date historique unique, qui aurait pu être la naissance du Premier Empereur, par exemple. Leur manière de compter le temps est différente : à chaque début de règne, on repart de zéro, et le temps peut même être divisé à l'intérieur de chaque règne. On parle, par exemple, de l'an 1 de l'ère Taichu (« le Grand Commencement ») du règne de l'empereur Han Wudi : cette année correspond à l'an 104 avant J.-C. de notre calendrier. Puis c'est l'an 1, 2 ou 3 de son successeur. C'est pour cela qu'il est difficile de rapprocher chronologiquement des événements survenus en Chine et en Europe. Ainsi, le début de la Révolution française (1789) correspond à la 54e année du règne de l'empereur Qianlong.

Cette ancienne manière de compter le temps a changé en 1912. Au moment de la proclamation de leur République, les Chinois ont adopté le calendrier grégorien, celui que nous utilisons en Occident depuis des siècles. Il est officiel en Chine depuis 1949.

Ce papier découpé représente les douze animaux symbolisant pour les Chinois le cycle des années. Les signes du zodiaque chinois sont le serpent, le cheval, la chèvre (ou le mouton), le singe, le coq, le chien, le cochon, le rat, le bœuf, le tigre, le lapin et le dragon. Ils peuvent aussi symboliser les heures de la journée.

Un nouvel an en février

Les Chinois conservent cependant leur ancien calendrier pour leurs grandes fêtes traditionnelles. Leurs dates sont variables, car l'année est calculée par rapport au mouvement de la Lune et n'a donc pas toujours le même nombre de jours. Les festivités du nouvel an chinois ont lieu, pour cette raison, à la fin du mois de janvier ou au début du mois de février selon les années.

LES HORLOGES À EAU

Pour compter le temps quotidien, les Chinois ont imaginé, comme bien d'autres peuples, des horloges à eau, les clepsydres. L'écoulement de l'eau permet de mesurer les durées.

À la fin des festivités qui marquent le nouvel an lunaire, les villes chinoises organisent de grandes processions, qui s'achèvent par la célèbre danse du dragon. L'animal mythique est animé par des danseurs qui se glissent dans une carcasse en bambou décorée de papier et de tissu.

Les penseurs chinois

Sages, philosophes, de grands personnages ont influencé la pensée et la société chinoises.

Laozi (Lao-tseu)

Au VIᵉ siècle avant J.-C., la philosophie chinoise est marquée par Laozi. Celui-ci est passionné par les relations entre l'homme et son environnement. Il est l'initiateur du taoïsme, une pensée qui prône une harmonie avec la nature et la recherche de l'immortalité.

Confucius

Confucius (né en 551 avant J.-C., mort en 479 avant J.-C.) est beaucoup plus intéressé par les relations entre les hommes. Après avoir beaucoup réfléchi sur la meilleure manière de vivre en société, il parcourt le pays pour diffuser son enseignement. Selon lui, chaque homme doit essayer toute sa vie de développer sa bonté, sa loyauté et sa sincérité. Et il doit aussi respecter sa famille, les personnes plus âgées et l'autorité de l'Empereur. Pendant environ trois siècles, les idées de Confucius ont été ignorées ou combattues. Elles ont ensuite influencé la vie quotidienne des Chinois et les politiques de leurs souverains.

Confucius a été représenté pour la première fois plus de trois siècles après sa mort. Tous ses portraits sont donc parfaitement imaginaires. Les Chinois lui attribuent les caractéristiques traditionnelles des grands hommes : un front haut et bombé, une barbe fournie et des yeux immenses.

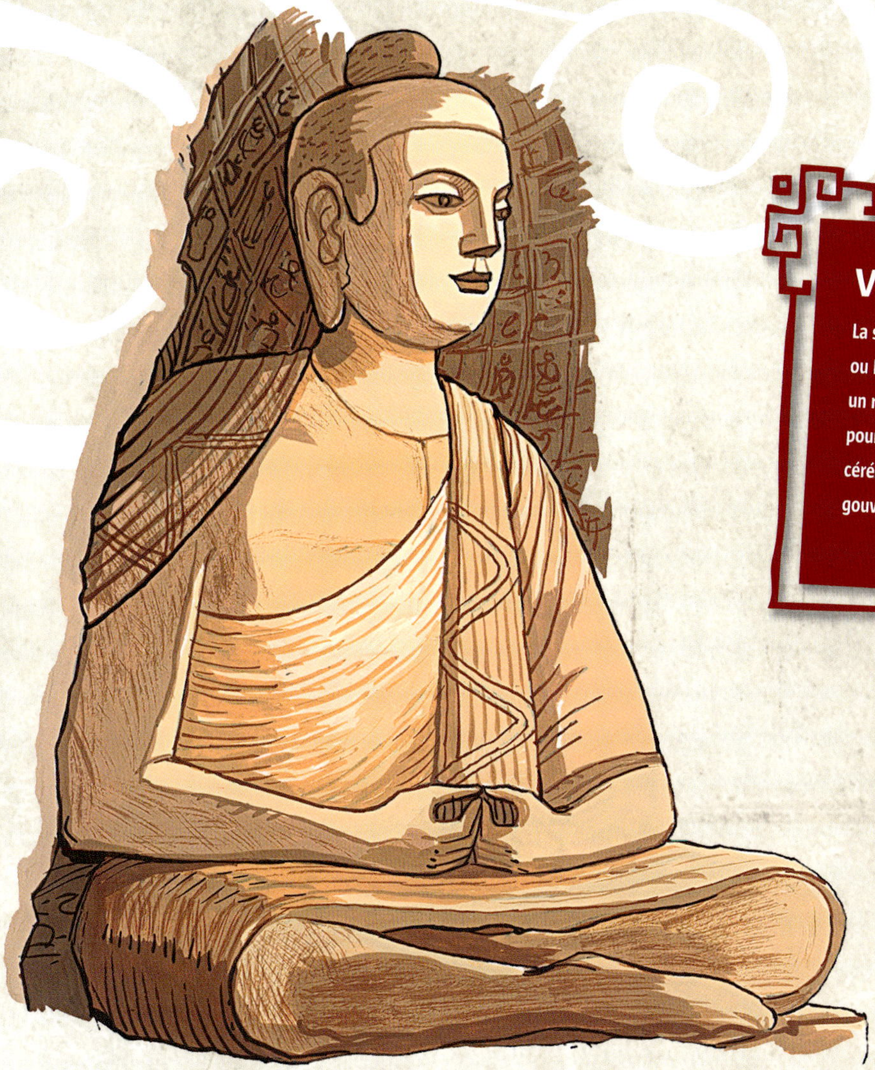

VIVRE AVEC SES ANCÊTRES

La société chinoise est influencée par les grands penseurs comme Confucius ou Laozi. Mais, dans leur vie quotidienne, les Chinois cherchent souvent un réconfort auprès de leurs ancêtres. Ils les consultent régulièrement pour obtenir des protections ou des bienfaits. De même, lors de certaines cérémonies, l'Empereur prend conseil auprès de ses aïeux pour gouverner le pays.

YIN ET YANG

Dans la philosophie chinoise, toute chose de l'Univers et chaque être vivant sont formés de deux parties opposées mais complémentaires : le yin et le yang, le féminin et le masculin. Pour vivre en harmonie, il est essentiel qu'ils soient actifs tous les deux et bien équilibrés.

Les disciples de Confucius

Les enseignements de Confucius sont ainsi largement suivis par les empereurs Han après avoir été popularisés par Mengzi, un philosophe qui voyage de cour en cour (né vers 370 avant J.-C., mort vers 290 avant J.-C.). Pour Mengzi, l'homme est naturellement bon et il doit développer sa bienveillance. Pour Xunzi (né vers 310 avant J.-C., mort vers 215 avant J.-C.), un autre disciple de Confucius, c'est l'inverse. La nature humaine est mauvaise et il faut à tout prix l'éduquer pour la faire changer.

Le bouddhisme en Chine

Né en Inde au VIe siècle avant J.-C., le bouddhisme est une philosophie fondée sur les enseignements de Gautama Siddharta, que l'on nomme l'Éveillé ou le Bouddha. À partir de 65 après J.-C., les Chinois adoptent cette philosophie, en la transformant en partie et en créant diverses écoles, qui finissent par former des courants religieux. L'influence du bouddhisme s'affirme alors dans la société chinoise, et les monastères se développent.

Le fondateur de l'Empire

Unifier un aussi grand territoire a longtemps semblé impossible.
Le premier à y parvenir est Qin Shi Huangdi, au IIIe siècle avant J.-C.

Le Premier Empereur

Qui aurait pu imaginer que Cheng, l'héritier de la dynastie qui règne sur l'État de Qin, au nord-ouest du pays, allait devenir le maître de la Chine ? Avant lui, personne n'est arrivé à réunir la multitude de petits États régionaux qui ne cessent de s'affronter. Mais le jeune chef de région a énormément d'ambition. Cultivé, très intelligent, il est aussi un terrible combattant qui n'hésite pas, dit-on, à offrir une prime à ses soldats pour chaque tête ennemie.

En 221 avant J.-C., il finit par conquérir la Chine tout entière et fonde un empire qui s'étend du golfe de Bohai à la baie d'Along. Il prend alors le titre de Shi Huangdi (« premier auguste empereur »).

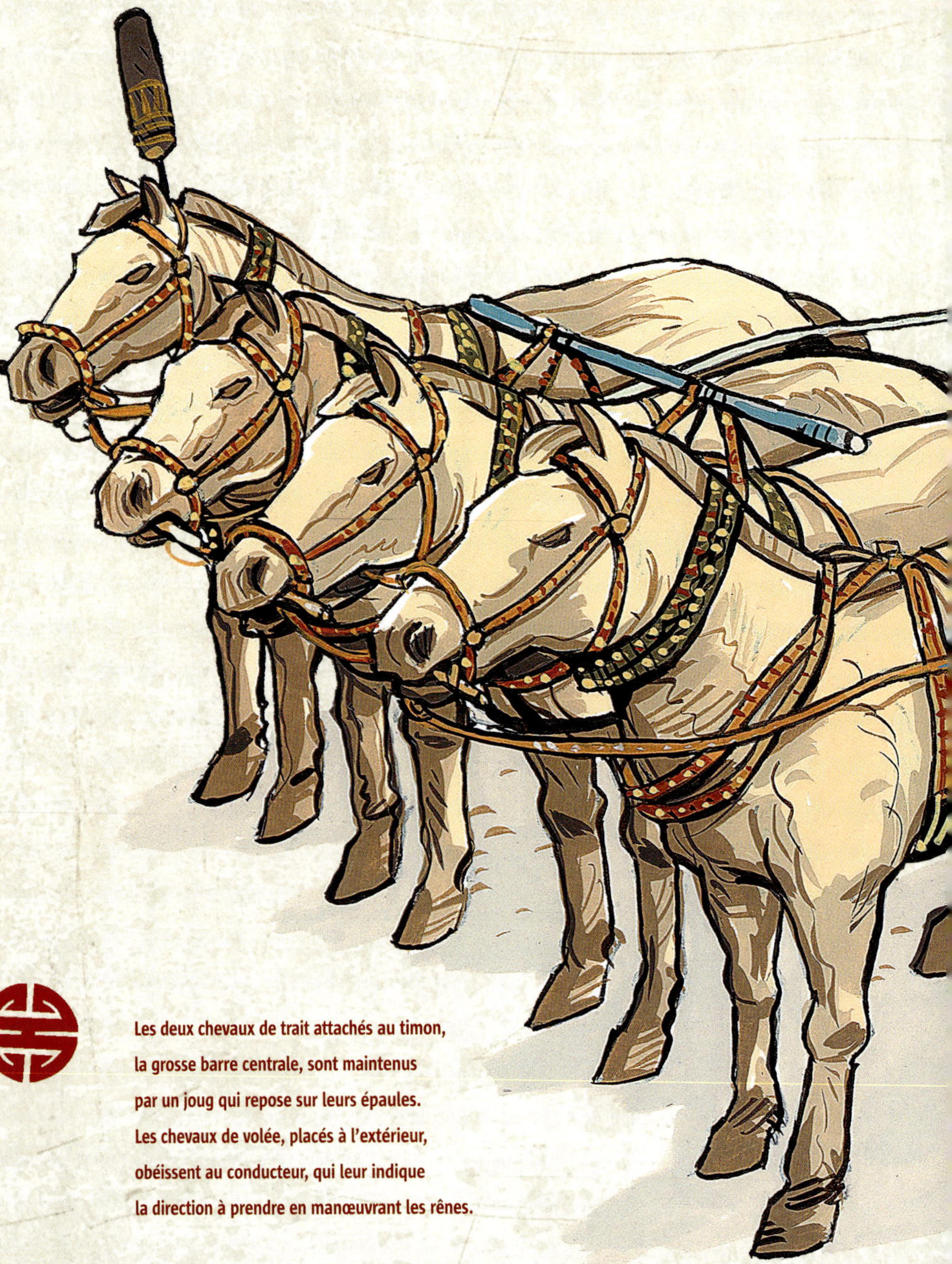

Les deux chevaux de trait attachés au timon, la grosse barre centrale, sont maintenus par un joug qui repose sur leurs épaules. Les chevaux de volée, placés à l'extérieur, obéissent au conducteur, qui leur indique la direction à prendre en manœuvrant les rênes.

L'empereur et les hauts fonctionnaires circulent dans des chars conçus pour de longs déplacements. Le conducteur du char dispose d'une arbalète, d'une pique ou d'une dague pour se défendre en cas d'attaque. Il est abrité par un parasol ou un parapluie dont le manche articulé est orientable. Les dignitaires suivent dans une voiture fermée.

Grâce à leurs nombreux rayons, les roues sont particulièrement solides. Elles sont aussi dotées d'un mécanisme permettant de compter le nombre de tours de roue et de connaître ainsi la distance parcourue.

Une main de fer

Pour gouverner plus facilement, le Premier Empereur unifie la langue et l'écriture officielles, ainsi que les mesures de poids, de capacité et de longueur. Il met en place une administration pour contrôler ses sujets et fait construire des routes pour permettre aux chars de ses envoyés de parcourir les terres les plus reculées.

Parallèlement, il commence les travaux de la première Grande Muraille (*voir p. 48-49*) afin de protéger son empire des menaces extérieures. L'Empire se met en place, mais le peuple chinois est épuisé, brimé et mécontent de ce régime terriblement autoritaire. Quelques années après la mort de Qin Shi Huangdi, ses fils sont écartés du pouvoir. Mais l'idée d'une « grande » Chine est née.

La mise en place
d'un pouvoir autoritaire

Représentant du ciel et de la terre, l'empereur est un souverain absolu qui détient tous les pouvoirs pendant plus de 2 000 ans.

Une administration efficace et fidèle

Pour gouverner leur immense territoire, les empereurs nomment des fonctionnaires issus en général de familles riches ; ces lettrés* ont une bonne connaissance de l'administration, de l'histoire de la Chine ainsi que des grands textes de Confucius (*voir p. 16*).

Shang Yang, un personnage redoutable

Au IVe siècle avant J.-C., Shang Yang façonne la société chinoise pour des millénaires. Ce ministre du pays de Qin imagine un nouveau système politique fondé sur un principe simple : pour qu'une société parvienne à se développer de la meilleure des manières, pour qu'un royaume puisse accroître sa puissance, il faut un souverain autoritaire et des lois sévères. Quand Qin Shi Huangdi s'empare du pouvoir, il applique les théories de Shang Yang à l'ensemble du pays. La Chine devient le pays de l'ordre et de l'efficacité.

Les soldats en argile du Premier Empereur regardent tous vers l'est, sans que l'on sache véritablement pourquoi. Certains pensent qu'ils contemplaient ainsi les conquêtes de leur souverain. D'autres empereurs ont également peuplé leur tombeau de personnages de terre cuite. Mais, au IIe siècle avant J.-C., la taille des statues a été limitée à 70 cm de haut. Désormais, même l'empereur n'avait plus le droit de s'entourer de grandes statues.

À l'origine, les statues étaient peintes de couleurs vives, qui se sont peu à peu effacées quand les soldats ont été sortis à l'air libre, lors de leur découverte en 1974. La couleur du foulard des militaires et la forme de leur chapeau indiquaient leur grade.

D'autres soldats livreront peut-être de nouveaux secrets, car les fouilles du tombeau du Premier Empereur sont loin d'être terminées.

L'armée impériale

L'empire de Qin Shi Huangdi s'appuie aussi sur une armée puissante, évaluée à plusieurs centaines de milliers de combattants venus de toutes les provinces chinoises. Réputée pour ses unités de chars, de cavaliers, d'archers et de fantassins, elle possède des armes redoutables, comme l'ont révélé les extraordinaires soldats en terre cuite du mausolée de l'empereur. Tous avaient des épées, des lances ou des arbalètes véritables posées à côté d'eux.

Des soldats en terre

Pour veiller sur son tombeau, Qin Shi Huangdi avait en effet ordonné qu'une armée en terre cuite soit enterrée à ses côtés, en ordre de bataille. Près de 7 000 statues de chevaux et de soldats, toutes différentes les unes des autres (coiffures, visages, vêtements, position des membres, etc.), ont été modelées et enfouies pour l'éternité.

En 1974, à Lintong, près de Xi'an, dans la province du Shaanxi, des paysans ont découvert ces statues à côté du tombeau du Premier Empereur, en creusant un puits dans un champ.

明

Les quatre trésors du calligraphe sont placés sur sa table de travail.
• Le pinceau est généralement fabriqué en poils de loup ou de lièvre
  (ou avec des moustaches de souris pour les traits très fins).
• Pour broyer l'encre, on utilise une pierre creuse ou une poterie spéciale.
• La verseuse à eau permet de diluer l'encre et les pigments.
• Le bâton d'encre est fait de colle et de charbon de bois. Il sert
  pour écrire, ainsi que pour peindre et dessiner.

24

Transmettre les savoirs

Révéler ou transmettre des savoirs sans écriture est possible. Mais les textes écrits permettent une plus large diffusion de la culture et des techniques.

Les débuts de l'écriture

Les Chinois ne sont pas les premiers à concevoir l'écriture, connue et utilisée avant eux par les Mésopotamiens et les Égyptiens. Les ancêtres des Chinois gravaient des signes simples sur des vases dès l'époque néolithique*. Mais c'est seulement il y a 3 000 ans environ que des pictogrammes* apparaissent sur des objets en bronze. Assemblés par deux ou par trois, ils dessinent les emblèmes* des clans ou les noms de personnes. Beaucoup de ces premiers caractères se retrouvent dans l'écriture chinoise actuelle.

L'apparition des premiers textes

Ces simples signes ressemblent plutôt à des sceaux* et ne constituent pas encore une véritable écriture associant de nombreux caractères. L'écriture ne s'est vraiment développée qu'aux environs de 500 avant J.-C. : elle est tracée sur des lamelles de bois ou de bambou. Elle apparaît dans la vallée du fleuve Jaune, puis se diffuse dans les autres régions chinoises.

WANG XIZHI

Militaire, poète, musicien, Wang Xizhi (vers 307-365) est le maître incontesté des calligraphes. Ses parents sont déjà célèbres dans ce domaine, mais il les dépasse, dit-on, par ses qualités artistiques et son esprit brillant. Et pourtant, aucune de ses œuvres originales n'a été conservée. Elles sont connues simplement par les copies que les empereurs et les lettrés* ont collectionnées. Car, en Chine, une copie bien réalisée peut avoir presque autant de valeur que l'original.

La diffusion du savoir

Dès l'époque de Confucius, l'écriture sert à consigner, conserver et transmettre des informations politiques (alliances, mariages, guerres, victoires) et des connaissances (textes sacrés). Les tracés des caractères sont harmonisés par le Premier Empereur. Seuls les lettrés* maîtrisent cette écriture, qui nécessite l'usage de plusieurs centaines – bientôt plusieurs milliers – de caractères.

La calligraphie

Les Chinois considèrent la calligraphie, l'art de l'écriture, comme le plus noble de tous. Ils en distinguent sept sortes principales, dont la maîtrise nécessite des années de formation. À travers l'art d'écrire se dévoilent la personnalité, la créativité et l'énergie du calligraphe, mais aussi sa culture.

LES DEVINS ET L'ÉCRITURE

Dans l'Antiquité, les devins imaginaient qu'ils pouvaient communiquer avec les ancêtres en posant sur des os des tisons chauffés au feu. Les craquelures que cela provoquait sur la surface de l'os étaient interprétées comme des réponses divines à leurs questions. C'est en travaillant à partir de ces signes que les Chinois ont inventé leur écriture.

La naissance du papier

Fabriqué à partir de matières végétales, le papier est né en Chine il y a plus de 2 000 ans.

Observer la nature pour s'en inspirer

C'est une idée simple que le peuple chinois a toujours mise en pratique dans son histoire. Une très bonne idée. La preuve : c'est en étudiant la pourriture des écorces et du chanvre* dans l'eau des marais ou des ruisseaux que des Chinois imaginent le processus de fabrication du papier. Les plus curieux remarquent, en effet, que la fibre qui flotte sur l'eau se transforme au fil des mois en une sorte de pâte, que l'on peut utiliser pour de multiples usages. Ces expériences aboutissent peu à peu à la création du papier ; mais ce n'est que bien plus tard que ce dernier devient un excellent support pour écrire.

Une découverte anonyme

Qui a fait cette observation ? On l'ignore. On sait simplement que c'est Cai Lun (né vers 50, mort vers 120), un ministre de l'agriculture, qui a codifié l'art de fabriquer du papier en 105.

Après une multitude d'essais, les Chinois se rendent compte que toutes les fibres n'ont pas les mêmes qualités. Les meilleures proviennent du bambou, des écorces de mûrier, du rotin, du lin et du chanvre. Mais choisir une fibre précise n'est pas le seul moyen utilisé pour améliorer la qualité d'un papier. Selon les usages auxquels on le destine, il peut être recouvert d'enduits différents (par exemple de la pâte de riz, qui rend le papier doux comme du velours).

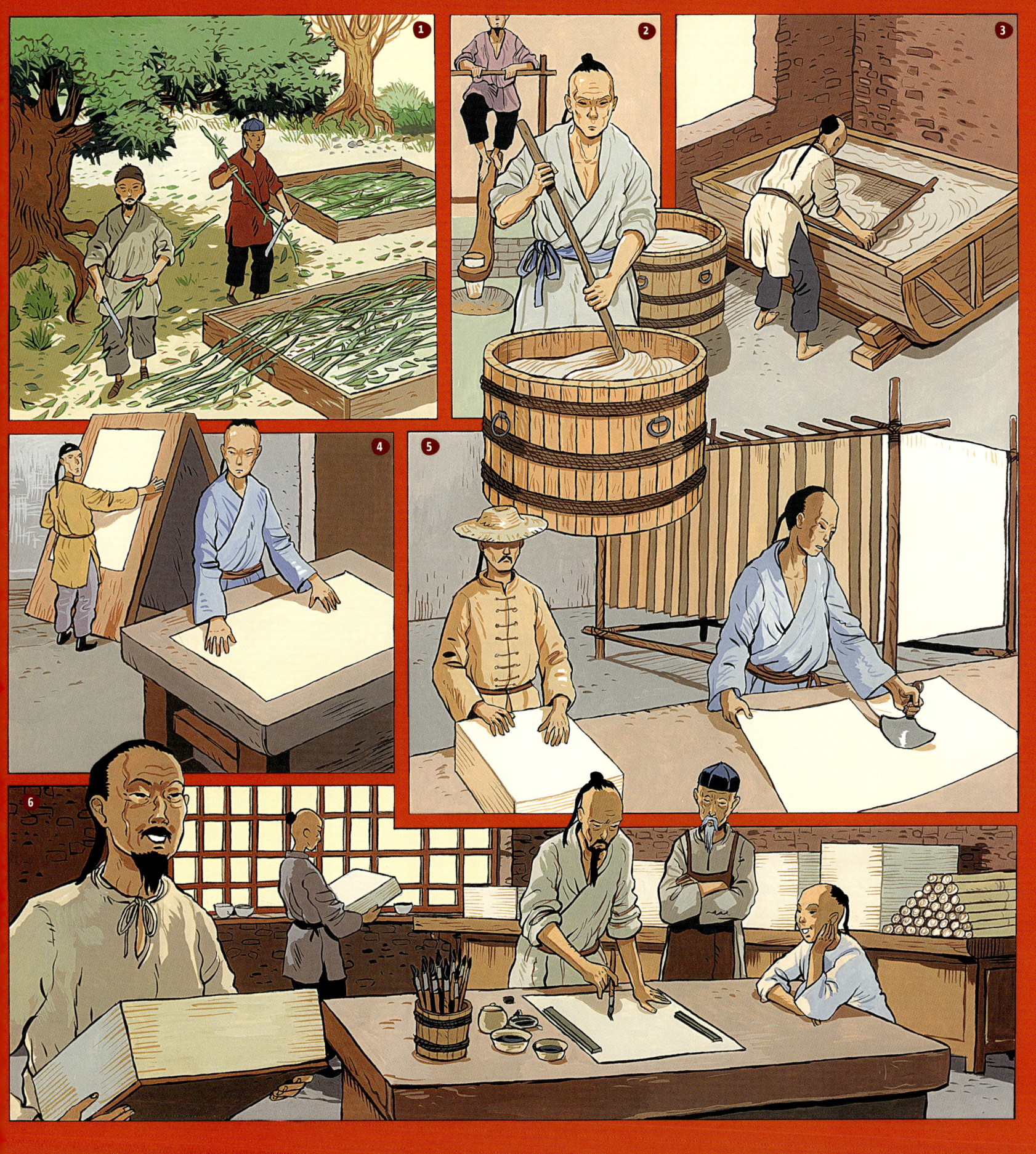

Des papiers à tout faire

Les Chinois font mille usages du papier avant de maîtriser l'écriture.

Utilisé d'abord pour protéger

Le papier n'a pas tout de suite été un support pour l'écriture. Il a même fallu plusieurs siècles pour qu'il soit adapté à l'art d'écrire. Mais ce matériau que l'on peut plier, découper, enduire, connaît un large usage dans la vie quotidienne. On l'utilise d'abord pour emballer des objets ou encore pour servir de vêtement ou de couverture. Huilées, les feuilles résistantes sont plaquées sur les fenêtres pour protéger du froid. Découpés, unis ou multicolores, les papiers servent aussi à fabriquer des lanternes ou des ornements qui décorent les fenêtres et les portes.

Parallèlement à ces utilisations, le papier est lié à des pratiques rituelles* ou religieuses : on embrase des offrandes en papier pour les faire s'envoler vers les morts, partis dans l'autre monde.

Au moment de la fête des morts, les Chinois offrent à leurs ancêtres des cadeaux en papier. Il s'agit parfois de la maquette d'une somptueuse maison ou, plus fréquemment, de lingots en papier doré. Ils pensent que le défunt aura ainsi plus de chances d'avoir une vie prospère dans l'au-delà.

Avant le papier

Il y a 5 000 ans, en Égypte,
au Moyen-Orient et en Grèce,
on écrivait sur des tablettes d'argile
ou sur des rouleaux de papyrus.

Et après ?

Après la mise au point du papier
en Chine, ses secrets de fabrication
sont percés par les Arabes. Selon
la légende, ce savoir aurait été transmis
par des papetiers chinois faits prisonniers
lors de la grande bataille de la rivière
Talas, en 751.

Les conquérants arabes diffusent
cette découverte extraordinaire dans
leur empire, qui ne cesse de s'étendre ;
jusqu'à atteindre l'Occident. Le papier
s'y propage seulement après l'an 1000
au détriment du parchemin, plus solide
mais aussi plus coûteux et moins lisse.

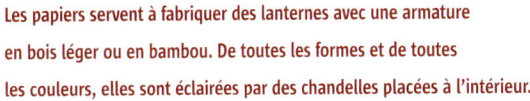

Les papiers servent à fabriquer des lanternes avec une armature
en bois léger ou en bambou. De toutes les formes et de toutes
les couleurs, elles sont éclairées par des chandelles placées à l'intérieur.

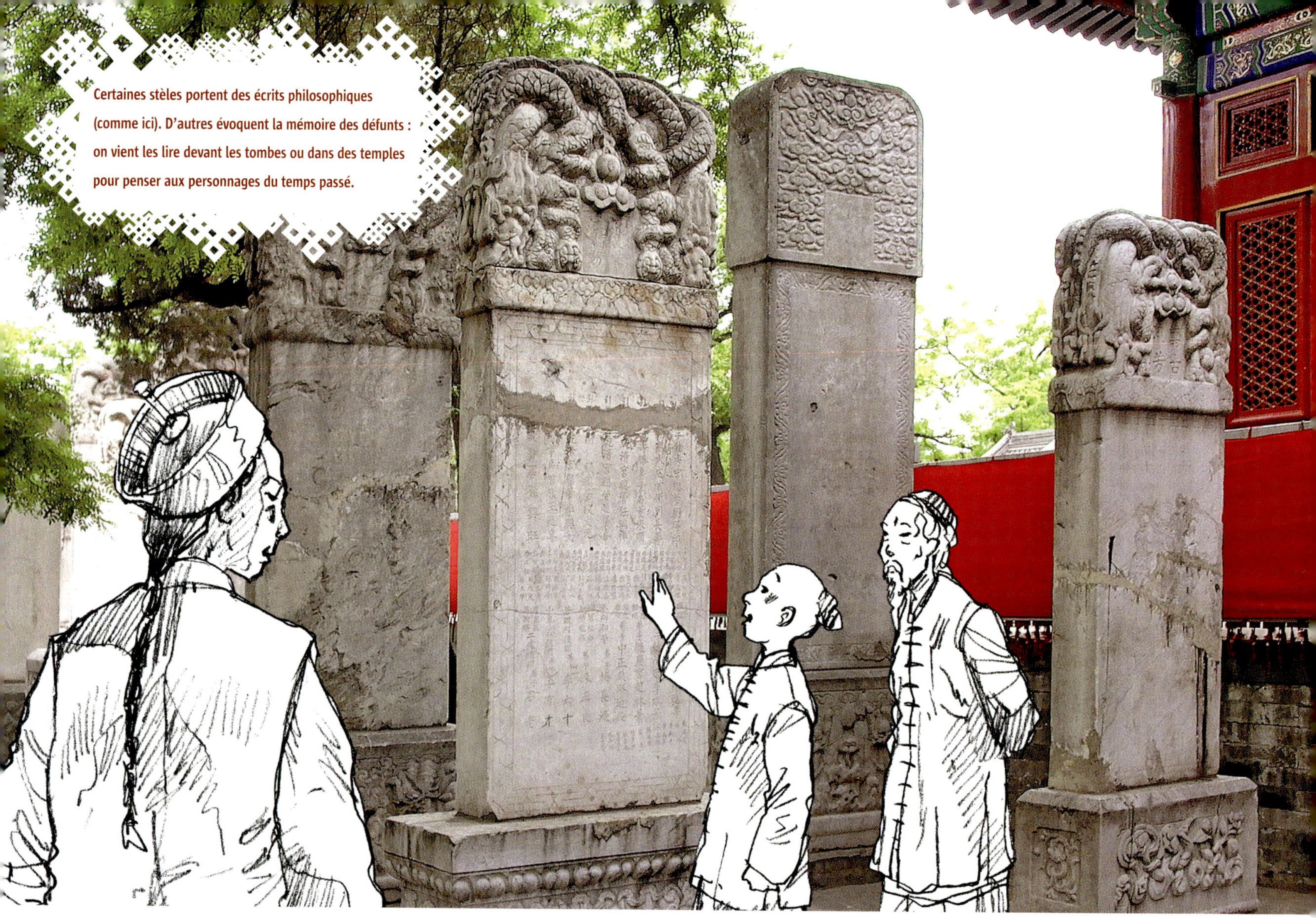

Certaines stèles portent des écrits philosophiques (comme ici). D'autres évoquent la mémoire des défunts : on vient les lire devant les tombes ou dans des temples pour penser aux personnages du temps passé.

De la gravure à l'imprimerie

Bien avant l'invention de l'imprimerie, les Chinois maîtrisent plusieurs autres techniques de reproduction.

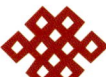

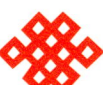

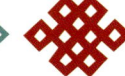

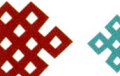

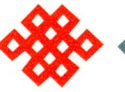

La gravure

Excellents tailleurs de pierre, les Chinois ont gravé sur des stèles (c'est-à-dire des pierres dressées, constituant des monuments) les textes qu'ils voulaient conserver, afin de créer de véritables bibliothèques minérales.

Les caractères étaient parfois tracés à l'encre, par un grand calligraphe, sur un papier appliqué sur la pierre, puis un graveur intervenait pour les tailler. On pouvait ainsi garder la beauté de la calligraphie originale.

LA XYLOGRAPHIE

1 L'artisan prend une feuille illustrée d'un dessin à l'encre (ici un poisson).

2 Il l'applique sur une planche de bois.

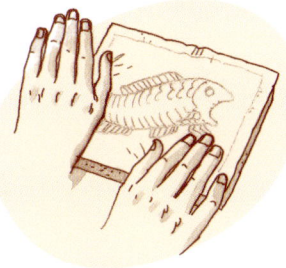

3 Le dessin est reporté sur la planche par « décalcomanie » ou en le transférant sur le bois avec une pointe.

4 À l'aide d'un burin, l'artisan perfectionne ce premier dessin en gravant plus profondément ses détails dans le bois.

5 Une fois la gravure terminée, la planche est prête à l'emploi.

6 La planche de bois est encrée avec un gros tampon.

L'estampage

La mise au point du papier a permis une autre technique de conservation des textes : l'artisan appose une feuille de papier sur la pierre gravée. Il l'humidifie, puis la tamponne d'encre. Il fait ainsi apparaître sur le papier, en noir, les reliefs et, en blanc, les creux des formes ou des caractères tracés dans la pierre. Mais ce procédé de reproduction d'image ou de texte demande un soin minutieux et beaucoup de temps.

La xylographie

À l'époque des Tang (entre 618 et 907), les Chinois commencent à maîtriser l'impression à partir de planches de bois. Dans cette technique, le texte est gravé à l'envers puis encré, et l'on applique une feuille de papier sur la planche. L'inscription apparaît ainsi dans le bon sens sur la feuille en contact avec le bois.

Les bouddhistes et les taoïstes popularisent très vite la xylographie, d'abord pour imprimer des charmes (talismans*), puis pour conserver leurs textes sacrés et les diffuser.

7 L'artisan pose une feuille vierge et l'applique en la frottant sur le bois.

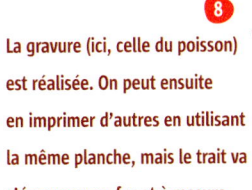

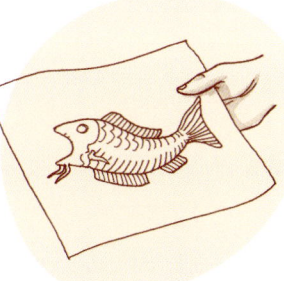

8 La gravure (ici, celle du poisson) est réalisée. On peut ensuite en imprimer d'autres en utilisant la même planche, mais le trait va s'émousser au fur et à mesure.

SUTRA* DU DIAMANT

Ce sutra, qui date de 868, est le plus vieux livre imprimé du monde ; c'est un rouleau de 5 mètres de long dont les feuillets imprimés par xylogravure ont été collés bout à bout. Beaucoup de ces premiers livres évoquent la vie et l'enseignement du Bouddha.

31

L'imprimerie,
une invention trop complexe

Les Chinois sont les premiers à mettre au point l'imprimerie à caractères mobiles, mais ils rencontrent finalement de grandes difficultés pour l'exploiter. Leur invention connaîtra une autre destinée en Europe.

L'imprimeur choisit dans une sorte de grande roue les caractères utiles pour composer sa page. Il les assemble et les colle dans un cadre. Puis il applique une feuille sur ces caractères et la presse à la main. Ce travail long et fastidieux explique que ce type d'imprimerie n'est employé que de manière exceptionnelle, pour les grands textes bouddhiques par exemple.

L'invention des caractères mobiles

Au XIe siècle, un savant du nom de Bi Sheng (né en 990, mort en 1051) met au point un premier système d'imprimerie à caractères mobiles. Cette idée est ensuite reprise et elle évolue. Le principe est le suivant : chaque caractère est moulé sur une face d'un cube de céramique, qui est ensuite cuit. Pour composer un texte, l'imprimeur assemble tous les caractères nécessaires dans un cadre métallique, imprime une page de texte, puis la démonte pour fabriquer une autre page.

Trop de caractères !

Cette technique convient mal à l'écriture chinoise. En Occident, pour former des mots, on utilise les 26 lettres de l'alphabet latin. En associant ces 26 lettres, on peut tout écrire. En Chine, il faut utiliser plusieurs milliers de cubes, car il y a plusieurs milliers de caractères différents ! Un travail trop complexe et une manipulation trop longue pour être rentable.

Caractères d'imprimerie chinois en bois.

ET APRÈS ?

Au début du XIIIᵉ siècle, les Coréens améliorent la technique d'imprimerie chinoise fondée sur l'emploi des caractères mobiles en céramique. Ils sont les premiers à utiliser des caractères mobiles métalliques.

ET AILLEURS ?

Au milieu du XVᵉ siècle, l'imprimeur allemand Gutenberg (vers 1400-1468) développe la typographie à Mayence. Il utilise des caractères mobiles, fondus en plomb, réutilisables pour composer d'autres textes. C'est à partir de cette époque que naît une véritable industrie du livre en Europe.

Quand la feuille a été imprimée, l'artisan chauffe la colle pour séparer les caractères, puis les range dans la grande roue.

Le retour à la xylographie

Les imprimeurs chinois vont donc continuer, pendant des siècles, à graver leurs planches de bois taillées dans des branches de jujubier ou de poirier. Ils s'en servent jusqu'à ce qu'elles soient très usées et peuvent les réparer quand elles sont abîmées. Pourquoi changer de technique ? La xylographie leur permet, après quelques heures de gravure, de faire apparaître en un instant des pages imprimées.

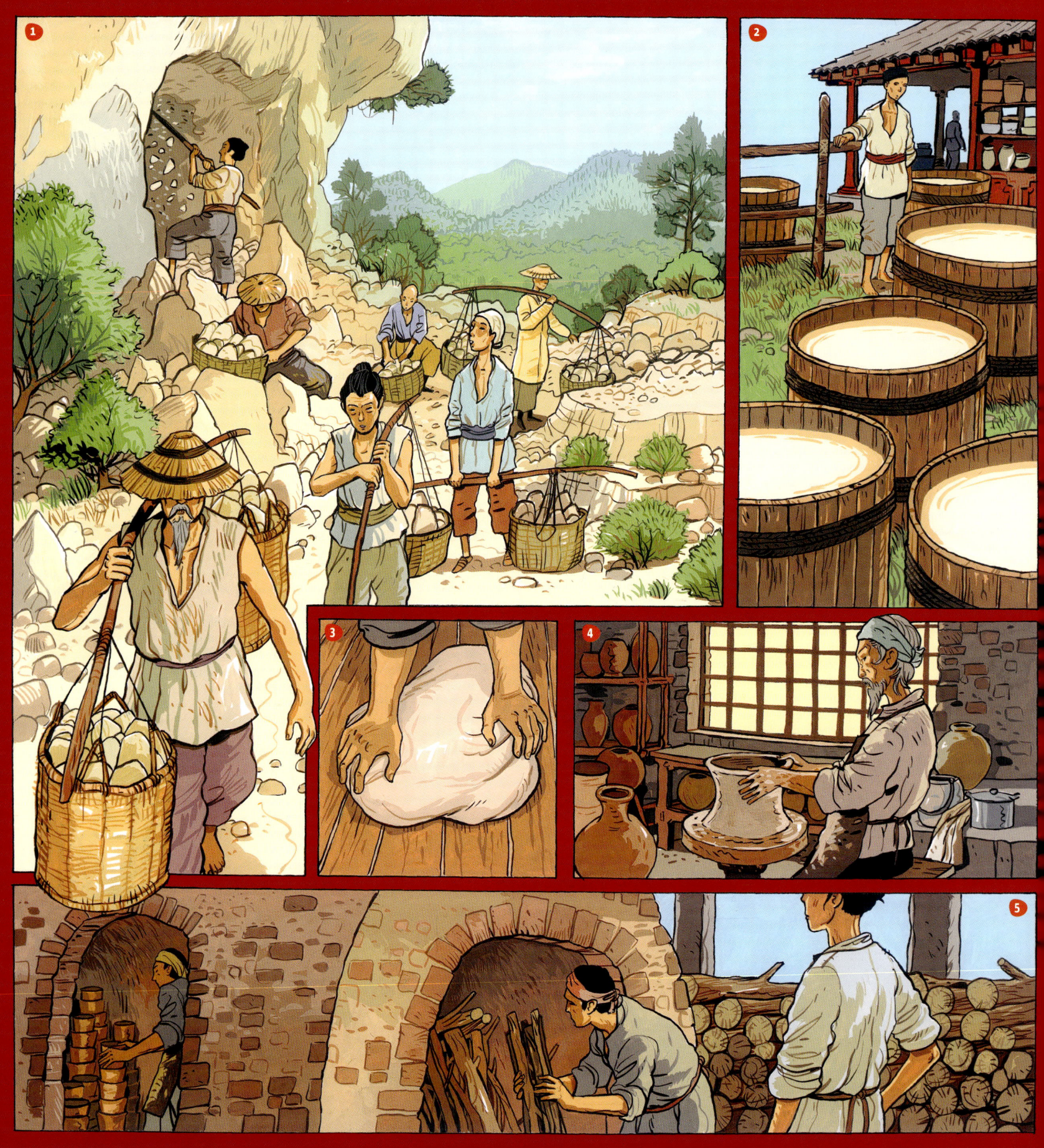

Les premières céramiques

Avec la terre de loess et le kaolin, les Chinois ont reçu deux cadeaux de la nature. Mais ils doivent apprendre à les apprivoiser avant de produire leurs sublimes poteries.

LA FABRICATION DE LA CÉRAMIQUE

1 Les potiers vont chercher l'argile dans la montagne.

2 Elle est mise à décanter dans des cuves pleines d'eau pour la débarrasser de ses impuretés.

3 L'argile humide est malaxée pour la rendre homogène, puis partiellement séchée.

4 Quand elle devient facile à modeler, le potier crée des formes à partir d'un rouleau de pâte (un colombin) ou à l'aide d'un tour.

5 Les objets sont placés dans un four que l'on allume. On l'alimente ensuite régulièrement car la température ne doit pas baisser avant la fin de la cuisson.

IMMORTEL JADE

Le jade est une pierre qui bénéficie en Chine d'un immense prestige, en raison de sa beauté et de sa dureté. Capable de résister au feu, elle est considérée comme la pierre de l'immortalité : des armes en jade sont déposées dans les tombes des grands personnages. Or les Chinois découvrent qu'ils peuvent donner à certaines de leurs poteries la couleur du jade : ils produisent alors de nombreux « céladons », d'un beau vert caractéristique, comme cette verseuse du début du XIᵉ siècle.

La bonne terre de Chine

Comme les artisans de nombreuses autres civilisations, les premiers potiers chinois commencent à fabriquer des céramiques avec de l'argile vers 8000 avant J.-C. Ils bénéficient de conditions naturelles particulièrement favorables : le territoire chinois est si vaste et ses terres si diverses que les bons matériaux ne manquent pas. Les Chinois ont même la chance d'en avoir deux d'une qualité exceptionnelle : la terre de loess et le kaolin.

Le loess, qui recouvre la Chine du Nord-Ouest et la vallée du fleuve Jaune, est formé par l'accumulation de minuscules débris. Il résiste bien à la chaleur : il est donc idéal pour construire des fours capables de supporter des températures élevées.

Le kaolin est une roche argileuse et blanche que l'on trouve en grande quantité dans les montagnes granitiques de la Chine du Sud. Il donne de très belles céramiques, mais il est d'un emploi très difficile, car il est peu plastique* et son point de fusion* est très élevé (1 850 °C). Les Chinois ont mis longtemps à découvrir les secrets de ce matériau (*voir p. 36*). Dans un premier temps, ils se servent donc d'autres argiles pour façonner leurs poteries.

Comment obtenir des poteries non poreuses ?

Après l'étape de la mise en forme, les poteries sont placées dans un four pour faire évaporer l'eau qu'elles contiennent. On obtient alors des poteries poreuses* : elles ne peuvent pas contenir de liquides, mais il est possible d'y conserver des aliments secs, des céréales par exemple. Pour obtenir des récipients étanches, il faut les recouvrir d'une sorte d'enduit qui se transforme, sous l'effet de la chaleur, en une mince couche vitreuse (elle a l'aspect du verre). Perfectionnée au cours du premier millénaire avant J.-C., cette glaçure* est révolutionnaire, car elle permet enfin de remplir ces céramiques de liquides.

L'art de la cuisson

Suivant la composition de la terre utilisée, la poterie supporte des cuissons à des températures plus ou moins élevées. Ce passage au four est aussi important pour la couleur des objets : si l'on ajoute par exemple des particules de fer, la poterie se teinte de marron, de brun orangé ou de vert clair, selon la manière dont on la cuit. Les Chinois apprennent patiemment à maîtriser ces techniques de coloration. Ils comprennent ainsi que le temps de cuisson et la circulation de l'air dans le four jouent un rôle déterminant dans la teinte de l'objet.

L'apparition de la porcelaine

La porcelaine chinoise n'a pas été inventée en un jour : l'apprentissage a été long et les expérimentations nombreuses.

Des techniques de plus en plus complexes

Au XIe siècle après J.-C., les poteries chinoises commencent à se diffuser en Corée, au Japon et au Moyen-Orient. De là, elles sont exportées par les marchands arabes vers les pays méditerranéens. Ces poteries sont réalisées dans des milliers de petits ateliers, qui travaillent bien souvent avec leur propre technique et leur propre pâte.

Après les poteries poreuses* pour la vie quotidienne et les belles terres cuites à glaçure*, les Chinois élaborent des objets dont la matière est différente, car elle comporte du kaolin. Ils les recouvrent d'un enduit qui comprend aussi du kaolin : l'objet devient ainsi brillant en surface et encore plus solide.

Ce vase est caractéristique des objets en porcelaine décorés avec du bleu de cobalt. Diffusés au Moyen-Orient et en Europe, ils ont fait la richesse de la Chine à partir du XVe siècle. Très souvent représenté par les artistes et les artisans chinois, le dragon symbolise la nature et la puissance.

La mise au point de la porcelaine

Les artisans chinois souhaitaient fabriquer des céramiques avec le kaolin le plus blanc possible, mais cette argile est bien trop friable et sa température de fusion est trop élevée. Pourtant, plus de 1 000 ans avant J.-C., les Chinois avaient réussi à fabriquer des objets magnifiques avec cette terre, mais ils étaient trop fragiles.

Ils trouvent finalement une solution à ce problème en utilisant un mélange de chaux, de kaolin et de potasse. C'est ce que l'on appelle le « petuntse ». Grâce à ce mélange, le kaolin devient plus plastique* et sa température de fusion* est fortement abaissée. La production devient alors plus facile. De cette découverte extraordinaire naît une céramique blanche aux propriétés exceptionnelles : elle est vitrifiée, imperméable, dure, et peut être translucide lorsque les parois sont très fines. C'est la célèbre porcelaine chinoise !

Des fours de plus en plus productifs

Pour réaliser leurs poteries puis leurs porcelaines, les Chinois mettent au point quatre types de four originaux, alimentés généralement au bois, et parfois au charbon, à partir du XIᵉ siècle en Chine du Nord. Le plus ancien est appelé le « four en forme de petit pain » ou « four en sabot de cheval ». Sa température peut monter jusqu'à 1 350 °C, mais il est très petit et ne permet pas de cuire de gros objets.

Plus de 1 000 ans avant J.-C., les Chinois du Sud inventent le « four dragon », un extraordinaire tunnel construit à flanc de montagne. Il est formé de petites chambres, avec de minuscules fenêtres permettant de régler l'arrivée d'air. Bien plus tard, au XVIᵉ siècle après J.-C., deux autres types de four sont mis au point : le « four en forme de gourde » et le « four en forme d'œuf », dont la très haute cheminée est si efficace que l'on peut cuire un grand nombre d'objets en même temps.

Le temps des métaux

Entre 2000 et 1500 avant J.-C., le travail du métal se développe dans le nord-ouest de la Chine, au cœur du bassin du fleuve Jaune.

Les premiers alliages

Les premiers objets fabriqués sont des lames de petite taille réalisées en cuivre, un métal que l'on trouve en Chine à l'état pur ; puis les hommes découvrent l'usage des alliages*. Comment ont-ils découvert les secrets des métaux ? Personne ne le sait. On ignore également si les artisans de Chine ont appris cette technique de leurs voisins où s'ils l'ont découverte tout seuls. Quoi qu'il en soit, ils atteignent un niveau d'excellence en quelques siècles.

La découverte du bronze

Les métallurgistes* chinois ont deux atouts à portée de main. Ils bénéficient tout d'abord d'une merveilleuse terre réfractaire*, le loess, qui permet de fabriquer des fours très performants et des moules de grande qualité. De plus, les sols chinois sont très riches en métaux variés. Les artisans peuvent donc multiplier les expériences (alliages, formes...) sans se soucier d'économiser ces métaux.

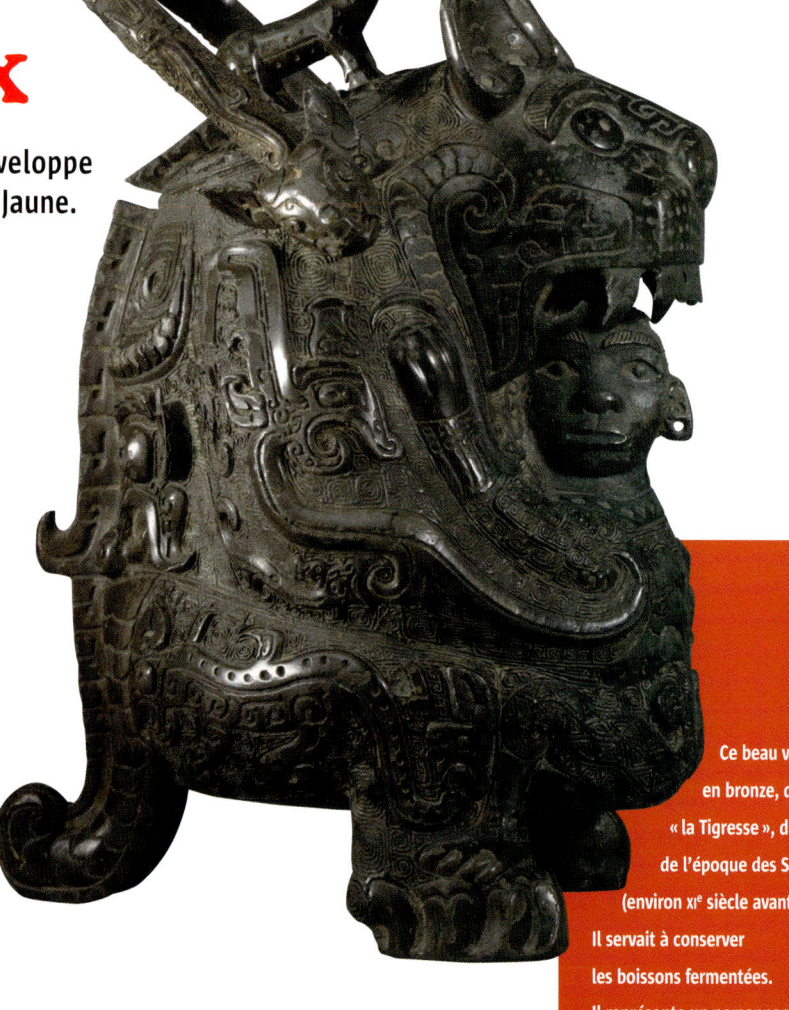

Ce beau vase en bronze, dit « la Tigresse », date de l'époque des Shang (environ XIe siècle avant J.-C.). Il servait à conserver les boissons fermentées. Il représente un personnage tenu dans les griffes d'un tigre qui le protège ou, au contraire, qui s'apprête à le dévorer.

La lente maîtrise du bronze, entre 2000 et 1500 avant J.-C., est une étape importante. Il s'agit d'un mélange de cuivre et d'étain, auquel les Chinois ajoutent souvent du plomb pour obtenir une température de fusion* plus basse. Cet alliage est parfait notamment pour fabriquer des récipients rituels destinés au culte des ancêtres. Bien plus dur que le cuivre, il permet aussi de façonner des armes en grand nombre : lances ou hallebardes, et pointes de flèches.

LA FONTE D'UN VASE EN BRONZE

1 Les artisans fabriquent en terre cuite le modèle du vase qu'ils souhaitent reproduire.

2 Ils appliquent de l'argile fraîche sur ce modèle pour former, en négatif, les différentes parties d'un moule. Puis ils enlèvent ces morceaux d'argile avec précaution et les font cuire à basse température (vers 600 °C).

3 Ils fabriquent un noyau pour délimiter l'intérieur du vase (ils utilisent parfois le modèle initial en raclant sa paroi pour la rendre lisse). Les morceaux en terre cuite portent les décors du futur vase. L'ensemble forme le moule.

4 Les morceaux sont posés autour du noyau, en laissant un petit espace délimité par des cales ou par une couche de cire (on la fait fondre en la chauffant avant que le métal ne soit versé).

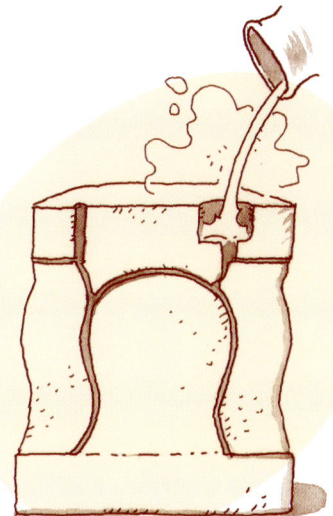

5 Porté à une température d'environ 1 000 °C, le bronze devient liquide. Il est alors coulé dans le petit espace qui a été créé entre le noyau et les morceaux de terre cuite.

6 Quand l'ensemble est refroidi, le moule est démonté ou cassé. Et le vase en bronze apparaît.

La laque, une résine merveilleuse

Avec cet enduit, les Chinois font une découverte fabuleuse pour protéger et embellir les objets.

Une protection naturelle

Connue dès le néolithique*, la laque est la résine naturelle d'un arbre, avec laquelle les Chinois enduisent le bois, la vannerie (les paniers par exemple) ou les tissus. Pour quelle raison ? Parce que cette substance a beaucoup de qualités : une fois solidifiée (on la laisse reposer dans une atmosphère chaude et humide) et polie, elle offre une très jolie brillance. Elle est légère et parfaitement imperméable. Elle n'a qu'un défaut : on ne peut pas s'en servir pour fabriquer des récipients allant au feu.

Grâce à la maîtrise de cette technique, les Chinois parviennent à utiliser toutes sortes de supports : bambou, bois, métal, cuir, etc. Ils fabriquent ainsi des objets aussi divers que des coupes pour boire, des tables, des figurines, des carquois pour ranger les flèches des archers ou même des caparaçons* pour protéger les chevaux des grands personnages.

Les paravents chinois sont célèbres dans toute l'Europe à partir du XVIIᵉ siècle. Fabriqués en bois léger, certains étaient recouverts de laque noire puis décorés de feuilles d'or et de poudre d'or.

LES ARBRES À LAQUE

Les laquiers poussaient autrefois naturellement dans les forêts des régions chaudes et humides de Chine du Sud, mais aussi dans le nord-ouest du pays. La laque est issue d'une résine blanchâtre extraite par incision de l'écorce de ces arbres, que nous appelons souvent les « vernis du Japon ».

La technique des laqueurs

Apposer la laque sur un support n'est pas une chose facile et demande une grande minutie. L'objet que l'on veut laquer doit être poli avant d'être enduit de cette résine naturelle à l'aide de pinceaux ; certaines pièces peuvent être recouvertes d'une trentaine de couches. La technique est parfaitement au point vers 500 avant J.-C.

À cette époque, les artisans parviennent à colorer la résine avec des pigments ou de la suie (noir de fumée) et à réaliser des décors complexes, le plus souvent en rouge et noir. Ces derniers peuvent être simplement peints, avec des laques colorées. Mais il existe aussi une autre méthode : l'objet est recouvert d'autant de couches qu'il doit comporter de couleurs. Puis, après durcissement, les dernières couches sont poncées* avec finesse pour faire apparaître la bonne couleur au bon endroit !

L'ouvrier recueille la résine de l'arbre en entaillant le tronc. Elle est ensuite mise à décanter dans un récipient à l'intérieur d'une pièce chaude et humide. Avant d'être utilisée, la matière liquide est brassée plusieurs fois par jour pour empêcher qu'elle ne se solidifie. Parallèlement, les impuretés qui remontent à la surface sont régulièrement éliminées.

Du ver à soie au tissage des filaments

L'élevage des vers à soie et la maîtrise des métiers à tisser font la fortune de la Chine impériale.

Un cadeau de la nature

Une fois encore, c'est la nature qui inspire les Chinois et permet l'extraordinaire aventure technique et commerciale de la soie. En effet, le secret de cette superbe étoffe se cache dans les forêts de l'empire du Milieu, sous la forme du *Bombyx Mori*. Cette chenille gourmande a la particularité de tisser un précieux fil au cœur de son cocon, avant de se transformer en papillon. Selon une vieille légende chinoise, la compréhension de ce phénomène naturel et son exploitation par l'homme seraient dues à l'impératrice Lei Zu, épouse du mythique empereur Jaune, qui aurait régné au IIIe millénaire avant J.-C. Quelle que soit son origine, cette découverte donne à la Chine l'un de ses plus grands trésors.

L'élevage des vers à soie

Dans les régions à mûriers, chaque maison possède une « magnanerie » (c'est le nom français). C'est là qu'a lieu l'élevage des vers à soie (appelé aussi sériciculture), qui demande beaucoup de soins. Ces petits animaux doivent être nourris en abondance de feuilles fraîches de mûrier blanc. Les principales régions de production de soie correspondent donc à celles des forêts de mûriers (provinces du Zhejiang et du Jiangsu, et dans le Sichuan, à l'ouest).

La délicate quête du filament

L'objectif est de récupérer l'extrémité du filament unique, long de plusieurs centaines de mètres, qui se développe dans le cocon tissé par la chenille. C'est un travail très complexe, assuré en général par les femmes, les enfants et les personnes âgées. Cette difficulté, et la volonté de protéger le secret de la fabrication de la soie, ont probablement empêché l'expansion rapide de ce type de sériciculture dans le monde.

LA FABRICATION DE LA SOIE

1. On dépose sur des claies en bois de tout petits œufs (parfois appelés « graines »), d'où vont bientôt sortir les larves, futurs vers à soie.

2. Les feuilles de mûriers sont cueillies pour nourrir les larves.

3. Les chenilles sont choyées, nourries et surveillées. Elles tissent chacune un cocon en produisant un filament très solide.

4. On sélectionne les meilleurs cocons avant que les chenilles ne se transforment en papillon et ne les percent.

5. Les cocons sont jetés dans l'eau bouillante, dans des marmites dont on ferme le couvercle pour étouffer les chenilles. Puis les femmes soulèvent le couvercle et détachent délicatement les filaments qui commencent à se dérouler.

6. Les femmes nouent entre eux les filaments de plusieurs cocons. Certains filaments peuvent atteindre plusieurs centaines de mètres. La moindre erreur peut rompre le fil de soie ou l'abîmer.

7. Les filaments sont enroulés sur des bobines ou travaillés en écheveaux* pour être teints.

8. Les femmes tissent la soie sur des métiers à tisser, à partir d'un fil formé de six ou sept filaments.

43

L'empire de la soie

Dès l'Antiquité, la riche étoffe chinoise suscite de nombreuses convoitises dans le monde.

À la cour, les vêtements des dignitaires sont confectionnés dans des soies aux couleurs chatoyantes. Chaque motif a une signification et indique le rang de celui qui le porte. Chaque empereur choisit une couleur qui lui est réservée. Néanmoins, sa famille peut généralement utiliser une couleur proche, mais d'une nuance différente.

Une étoffe raffinée

La soie connaît de multiples usages dans la vie quotidienne des élites chinoises. Avec cette extraordinaire matière aux couleurs subtiles, les artisans créent des tissus, des vêtements, des ceintures, mais uniquement pour les personnes les plus aisées. Car si la soie est somptueuse, elle coûte aussi très cher.

Une monnaie d'échange

À partir du règne des Han (qui commence en 206 avant J.-C.), la soie n'est plus seulement un beau tissu, elle prend aussi une valeur marchande. Les Chinoises doivent fournir au gouvernement des rouleaux de soie pour régler leurs impôts. L'empereur paie de la même manière ses fonctionnaires : en leur donnant des rouleaux de soie. Parfois, cette étoffe est offerte en cadeau aux souverains étrangers avec qui les Chinois recherchent une alliance.

Matière luxueuse, cette soie parfaite fascine aussi les rois et les nobles étrangers. Pour en obtenir, leurs envoyés l'échangent contre des pierres précieuses, de l'or ou des chevaux de grande taille et fort rapides : ces animaux sont convoités car ils sont très rares en Chine (on n'y trouve que des races plus petites).

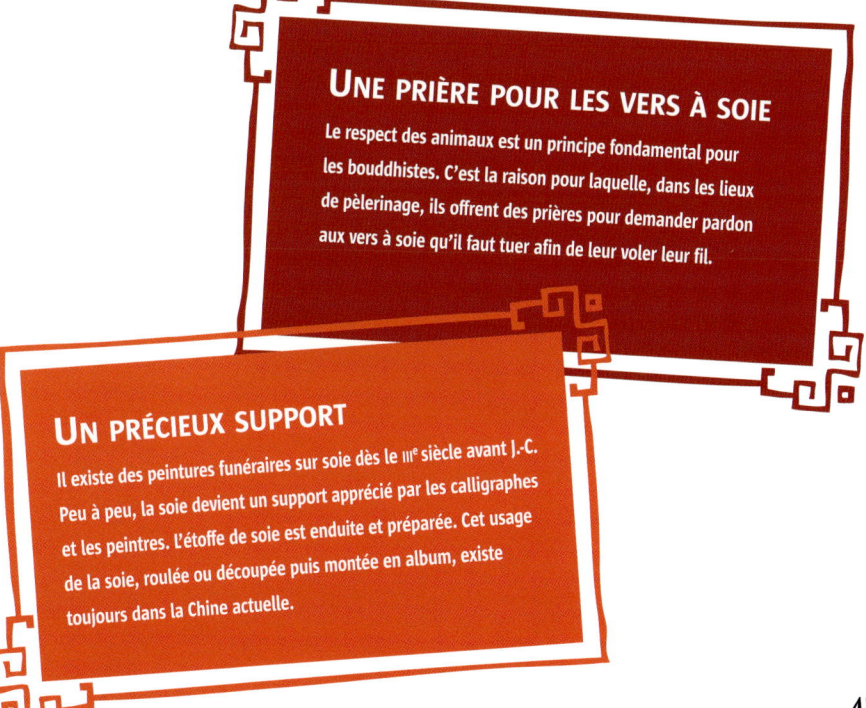

Le long des routes du désert, comme ici près de Turfan, surgissent des ruines d'antiques cités datant de l'époque des Han, deux siècles avant J.-C. Autrefois prospères, elles ont été en partie ensevelies sous le sable après l'abandon de ces chemins commerciaux par les marchands.

Les routes de la soie

Depuis l'Antiquité, plusieurs routes commerciales traversent l'Asie jusqu'en Europe pour faciliter ces échanges (*voir p. 2 - 3*). Devenus mythiques grâce aux récits des aventuriers comme Marco Polo, ces chemins n'ont reçu le nom poétique de « route de la soie » qu'au XIXe siècle, sous la plume du géographe allemand Ferdinand von Richthofen.

UNE PRIÈRE POUR LES VERS À SOIE

Le respect des animaux est un principe fondamental pour les bouddhistes. C'est la raison pour laquelle, dans les lieux de pèlerinage, ils offrent des prières pour demander pardon aux vers à soie qu'il faut tuer afin de leur voler leur fil.

UN PRÉCIEUX SUPPORT

Il existe des peintures funéraires sur soie dès le IIIe siècle avant J.-C. Peu à peu, la soie devient un support apprécié par les calligraphes et les peintres. L'étoffe de soie est enduite et préparée. Cet usage de la soie, roulée ou découpée puis montée en album, existe toujours dans la Chine actuelle.

Construire
en s'adaptant à l'environnement

Pour se protéger contre une nature souvent imprévisible, les architectes chinois travaillent avec des principes de construction rigoureux et respectent des croyances millénaires.

Les différents pavillons des demeures élégantes sont reliés par des galeries couvertes qui permettent d'aller de l'un à l'autre en se protégeant de la pluie. Des murets percés de portes décoratives (ici en forme de lune) compartimentent le jardin tout en conservant les perspectives.

Construire en prévision des séismes

La Chine connaît régulièrement des inondations importantes, mais elle est aussi frappée par de nombreux tremblements de terre. Pour s'adapter à la violence de ces séismes, il est de tradition de construire les bâtiments importants avec une structure en bois. En effet, les poutres et les charpentes en bois ont la propriété de mieux résister aux mouvements de terrain que des structures en terre ou en pierre. Le toit de tuiles des édifices officiels repose ainsi, généralement, sur des colonnes de bois laqué. Mais trouver ce matériau précieux est souvent compliqué et coûteux dans un pays soumis à la déforestation depuis des siècles. C'est la raison pour laquelle les maisons plus modestes sont essentiellement construites en terre et en brique.

Quelles qu'elles soient, ces demeures particulières ou officielles sont enfermées à l'intérieur d'une enceinte rectangulaire. Son entrée principale s'ouvre toujours vers le sud, et ses murs sont suffisamment hauts pour cacher la maison et le jardin à la vue des passants.

LA BROUETTE, UNE INVENTION CHINOISE ?

Les Chinois revendiquent la découverte de la brouette, qu'ils surnomment le « buffle de bois » ou le « cheval glissant ». Cet extraordinaire engin était déjà utilisé en Chine il y a plus de 2 000 ans, pour transporter des personnes ou du matériel, mais il est apparu en Europe il y a 700 ans seulement.

Respecter les forces invisibles

Les Chinois construisent en respectant également certaines croyances, comme celle qui explique que l'univers est formé de cinq éléments principaux : le bois, la terre, l'eau, le feu et le métal. Afin que les belles demeures soient aussi harmonieuses que le monde, les architectes doivent les concevoir avec ces cinq éléments : les colonnes sont en bois, les tuiles sont faites de terre mêlée à l'eau puis portée au feu, et les fermetures des portes sont en métal.

Pour bâtir les maisons des riches comme celles des plus pauvres, les constructeurs doivent aussi prendre en compte l'orientation idéale par rapport aux souffles qui parcourent l'univers. Pour faciliter cette recherche complexe, on fait appel à des géomanciens* : avec leur boussole, ils déterminent l'implantation parfaite du bâtiment.

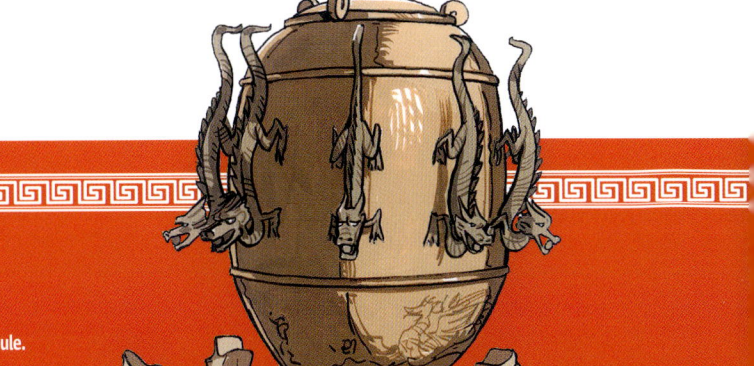

LE SISMOGRAPHE, UN INSTRUMENT POUR REPÉRER UN SÉISME

Les Chinois ont cherché à se protéger des séismes susceptibles de dévaster en un instant une ville, ses palais et ses habitations. Au IIe siècle, l'ingénieux Zhang Heng (78-139) met au point un sismographe pour détecter le commencement d'un tremblement de terre et la direction de son épicentre*. Ce vase de bronze est entouré de huit dragons tenant chacun une bille dans sa gueule. Quand le séisme fait bouger le mécanisme intérieur, une bille tombe dans la gueule d'une des grenouilles placées tout autour du vase ; cette bille qui tombe signale ainsi le séisme et indique dans quelle direction il est le plus violent.

La Grande Muraille

Barrière de terre, de pierres et de briques, elle est censée protéger les Chinois des redoutés « barbares » du Nord.

Une protection symbolique ?

Parcourant plusieurs milliers de kilomètres, la Grande Muraille n'est pas un ensemble unique réalisé en une seule fois. Elle est l'assemblage d'une multitude de fortifications construites pendant des siècles sur chaque territoire indépendant. Quand le Premier Empereur unifie le pays (*voir p. 18-19*), il ordonne de relier ces murailles entre elles pour former un rempart entre le golfe du Bohai, à l'est, et l'actuelle région du Gansu, à l'ouest.

Une barrière infranchissable ? Pas du tout. Tous les empereurs savent qu'un rempart, aussi gigantesque soit-il, ne peut assurer une parfaite sécurité. La Grande Muraille est en réalité bien plus qu'une barrière : elle délivre un véritable message. D'un côté, il y a le territoire civilisé des Chinois, et, de l'autre, les terres jugées sauvages de leurs ennemis. Pour se défendre de ces « barbares », les dirigeants successifs mettent en place d'autres stratégies, en s'alliant ou en faisant du commerce avec eux. Ils adoptent parfois une méthode plus brutale, qui consiste à mener des attaques rapides pour montrer la force de leur armée.

Un chantier meurtrier

L'édification de la Grande Muraille s'est étalée sur plusieurs siècles, mais la partie la plus célèbre aujourd'hui, celle qui se trouve au nord et au nord-ouest de Pékin, date des Ming (1368-1644). Réquisitionnés pour construire ce rempart, les soldats et les paysans élèvent des murs de près de 10 mètres de large, d'abord en terre, puis avec un mélange de terre, de pierres et de briques. Les architectes ont décidé de suivre les accidents du terrain et les lignes de crête, sans souci de ménager les ouvriers. Sur cet immense chantier, qui ne s'arrête ni quand il neige, ni quand le soleil est brûlant, les victimes sont nombreuses ! Des centaines de milliers de soldats et de paysans donnent leur vie pour construire la Grande Muraille, sans savoir qu'ils élèvent ce qui va devenir le plus grand symbole de la Chine.

La Grande Muraille de l'époque des Ming (1368-1644), telle qu'elle existe encore au nord et au nord-ouest de Pékin.

Cette machine est une « noria » : elle permet d'élever l'eau d'une rivière située en contrebas, pour la reverser plus haut dans des canaux qui irriguent les champs. Le précieux liquide est collecté dans des seaux disposés autour d'une roue et reliés par une chaîne. En Chine, la noria n'est pas actionnée par des mulets ou des chevaux, trop précieux pour cette simple tâche. Ce sont des hommes qui font tourner la roue en pédalant !

水

Contrôler les eaux

Le réseau des fleuves et des rivières de Chine est immense et semble incontrôlable. Mais les ingénieurs s'efforcent de l'aménager.

Réguler les eaux

Les Chinois affirment que c'est Da Yu, un personnage légendaire, qui leur aurait appris à dompter les cours d'eau et à maîtriser les inondations. La vérité est bien sûr tout autre. Les archéologues et les historiens pensent que les Chinois se sont probablement perfectionnés dans ces techniques en voulant améliorer la riziculture en terrain inondé et l'irrigation des champs.

Il y a plus de 2 000 ans, les ingénieurs chinois ont commencé à aménager les rivières et les fleuves pour que la navigation y soit plus facile. Plus tard, à la fin du VIᵉ siècle, une idée extraordinaire va s'imposer : relier le nord et le sud du pays par un immense canal.

Un projet monumental : le Grand Canal

Cette voie d'eau démesurée a été réalisée en reliant entre eux, à partir du VIIᵉ siècle, des voies navigables qui existaient déjà. Ce « grand cours d'eau rectiligne », comme l'appellent les Chinois, unit la partie sud du delta du Yangzi au centre de la Grande Plaine, puis à la vallée du fleuve Jaune. Il est suffisamment large pour que deux bateaux puissent se croiser.

Dans les premiers temps, le Grand Canal est aussi équipé de plans inclinés en bois recouverts d'argile mouillée. À chaque changement de niveau d'eau, des haleurs* tirent les navires sur ces sortes de toboggans. Mais, très vite, un système d'écluses* rend la navigation plus facile. Axe de communication vital, le Grand Canal permet aux fonctionnaires de parcourir régulièrement l'ensemble de l'immense empire. Il est essentiel pour approvisionner les grandes villes, et transporte par milliers de tonnes les richesses agricoles et forestières du sud. Il ne sera concurrencé que par le chemin de fer, au XIXᵉ siècle.

Le pont d'Anji, un chef-d'œuvre en pierre

Pour relier les rives du Grand Canal, les Chinois conçoivent des ponts pouvant laisser passer les innombrables bateaux sous leurs arches. Le plus célèbre de ces ouvrages est le pont d'Anji, au Hebei, long de près de 65 mètres mais ne comportant qu'une seule arche ! Construit au début du VIIᵉ siècle, il pèse 700 tonnes, et c'est l'un des rares édifices chinois qui, du fait de la très savante disposition des pierres, a pu résister aux guerres et aux terribles séismes qui ont frappé la région. Grâce au génie de ses concepteurs, il n'a bougé que de 5 centimètres depuis près de 1 500 ans !

Le pont d'Anji
sur le Grand Canal.

Des inventions
pour conquérir les mers

Du XIᵉ au XVᵉ siècle, les marins chinois s'appuient sur une véritable révolution technique pour partir à la conquête des océans : la boussole.

Les Chinois remarquent que le fer peut s'aimanter facilement, et utilisent cette propriété pour fabriquer des boussoles.

1 Les forgerons découpent de petits poissons dans une feuille de métal.

2 Ils en passent la tête au feu, jusqu'à ce qu'elle devienne rouge.

3 Ils font refroidir ces petits objets, en prenant soin de les placer selon un axe nord-sud.

4 La tête de chacun de ces « poissons de fer » devient alors légèrement aimantée et se tournera d'elle-même vers le nord.

Ne pas perdre le sud

Les Chinois découvrent la propriété des aimants à l'époque des Han, il y a environ 2 000 ans. Grâce à cette découverte fondamentale, ils mettent au point la première boussole. Dans les premiers temps, elle ressemble à une cuillère à soupe posée sur une assiette : elle pivote sur son axe et pointe vers le nord (l'autre extrémité indique donc le sud). Les Chinois la nomment « l'aiguille qui montre le sud ».

Cette boussole sert d'abord pour les voyages terrestres. Il faut attendre l'invention d'une nouvelle boussole révolutionnaire, sous la dynastie des Song (960-1279), pour que les Chinois s'aventurent en haute mer. Son principe est simple : l'aiguille aimantée flotte dans un petit récipient d'eau afin d'atténuer les mouvements du navire.

La boussole se répand en Europe vers le XIIᵉ siècle grâce aux Arabes, qui la perfectionnent.

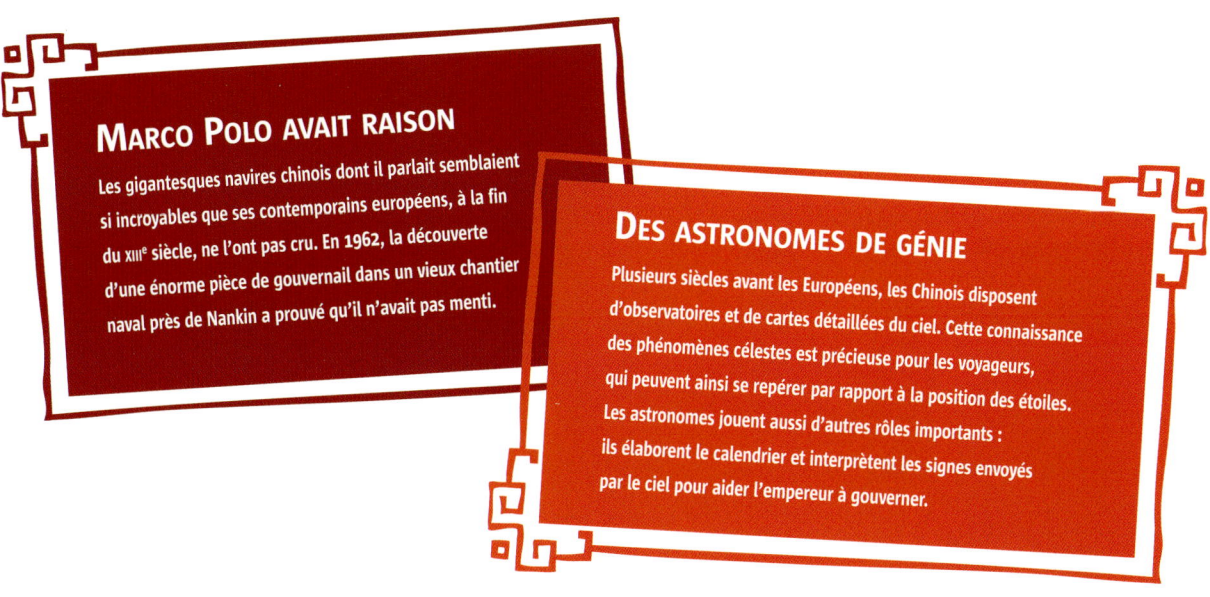

MARCO POLO AVAIT RAISON

Les gigantesques navires chinois dont il parlait semblaient si incroyables que ses contemporains européens, à la fin du XIIIᵉ siècle, ne l'ont pas cru. En 1962, la découverte d'une énorme pièce de gouvernail dans un vieux chantier naval près de Nankin a prouvé qu'il n'avait pas menti.

DES ASTRONOMES DE GÉNIE

Plusieurs siècles avant les Européens, les Chinois disposent d'observatoires et de cartes détaillées du ciel. Cette connaissance des phénomènes célestes est précieuse pour les voyageurs, qui peuvent ainsi se repérer par rapport à la position des étoiles. Les astronomes jouent aussi d'autres rôles importants : ils élaborent le calendrier et interprètent les signes envoyés par le ciel pour aider l'empereur à gouverner.

Un gouvernail pour géant des mers

Pour diriger plus facilement leurs navires et mieux contrôler la route suivie, les Chinois ont aussi inventé le gouvernail d'étambot, il y a environ 2 000 ans. Fixé à l'arrière et dans l'axe du bateau, il facilite énormément la navigation des jonques chinoises, dont la taille augmente au fil des siècles. Dès l'époque des Song, certaines sont déjà beaucoup plus grandes que les vaisseaux de Christophe Colomb de la fin du XVᵉ siècle. Elles peuvent même atteindre 100 mètres de long et transporter jusqu'à 1 000 hommes (quelques dizaines d'hommes seulement prennent place dans les navires occidentaux). Déplacer ces colosses sur l'eau n'est pas une mince affaire. Les Chinois y parviennent grâce à une voilure complexe : ils sont les premiers, semble-t-il, à construire des bateaux à plusieurs mâts.

Le gouvernail d'étambot est une grosse pièce en bois, fixée à l'arrière et dans l'axe du navire. Mis au point en Chine il y a environ 2 000 ans, ce système de guidage permet d'augmenter considérablement la taille des navires.

Découvrir le monde

Pour affirmer sa puissance aux yeux du monde, la Chine mène d'extraordinaires expéditions maritimes dans la première moitié du XVe siècle.

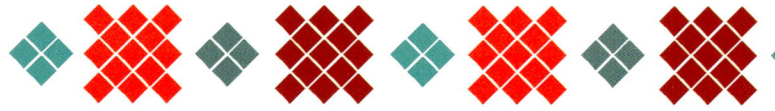

Vers l'an 1000, les Chinois construisent les plus grands navires du monde. Ces derniers sont si vastes que les marins peuvent y embarquer du bétail et même y cultiver de petits potagers ! Ils peuvent ainsi disposer de légumes et se protéger du scorbut, une maladie due au manque de vitamine D et redoutée par tous les marins.

Des découvertes exploitées en Occident

Malgré cette avance technique, des raisons militaires et économiques conduisent la Chine à abandonner assez vite ses ambitions maritimes. Au cours du XVe siècle, la capitale est transférée de Nankin, près de l'embouchure du Yangzi, à Pékin, au milieu de la plaine du Nord : cela symbolise un certain désintérêt des Chinois pour les expéditions maritimes. Diffusées vers l'ouest par les conquérants arabes, les inventions chinoises ne sont pas perdues pour tout le monde. Pour les capitaines européens, elles ouvrent la voie des grandes traversées du XVe siècle vers les Indes orientales et l'Amérique.

Les grandes expéditions de l'amiral Zheng He

Au début du XVe siècle, Yongle, le troisième empereur de la dynastie Ming, souhaite étendre les frontières et l'influence de la Chine. Il nomme amiral le génial Zheng He (1371-1433), et lance la fabrication de centaines de bateaux. Le téméraire Zheng He n'a aucune formation de marin. Néanmoins, à la tête de sa « flotte des Trésors », il réalise sept grandes expéditions dans tout l'océan Indien. Entre 1405 et 1433, il aborde l'Asie du Sud-Est, les Indes, l'Arabie et l'Afrique orientale, et peut dresser des cartes marines très précises pour l'époque.

Ces missions d'exploration précèdent largement les grandes épopées maritimes des Européens. Elles ne débouchent pas sur une colonisation, mais facilitent la mise en place de relations commerciales ou politiques avec les peuples rencontrés. Les méthodes utilisées allient diplomatie et interventions parfois brutales. Ces missions permettent aussi de faire des découvertes étonnantes, comme celle de la girafe ramenée par Zheng He en 1414.

En 1414, l'amiral Zheng He ramène une girafe de ses voyages en Afrique.
Les explorateurs chinois découvrent des plantes, des animaux, des aliments nouveaux.
Les marins étrangers apportent aussi des trésors des autres continents : au XVIe siècle,
les Espagnols transmettent aux Chinois le maïs, venu d'Amérique centrale !

La science du combat

Pour se battre entre royaumes indépendants, puis se protéger des ennemis extérieurs, les Chinois mettent au point des armes évoluées, comme l'arbalète.

Un armement complet

Aux environs de 1000 avant J.-C., les Chinois disposent déjà d'un redoutable arsenal d'armes en bronze : poignards, hallebardes, épées, pointes de flèches. Sur le modèle des nomades de l'Ouest et du Nord, ils introduisent la cavalerie dans leurs armées. Inspirés par l'armement des Perses, ils fabriquent des armures légères et souples, avec des plaques découpées dans du cuir ou des feuilles de métal, parfois recouvertes de tissu ou laquées. Comme beaucoup de combats se déroulent sous la forme de sièges, les Chinois mettent aussi au point des catapultes*, des béliers pour défoncer les portes les plus solides ou des échelles télescopiques pour grimper sur les remparts des villes. Mais leur invention militaire la plus importante reste l'arbalète.

Ce cavalier et sa monture sont protégés par des armures souples et légères, composées de plaques de fer enrobées de cuir et attachées par des liens.
Le cavalier est armé d'une hallebarde à deux pointes, avec laquelle il peut attaquer ses adversaires et couper les jarrets des chevaux ennemis.

Cette statue de terre cuite trouvée dans le tombeau du Premier Empereur (voir p. 20-21) représente un arbalétrier au repos. Une véritable arbalète avait été déposée à côté de lui.

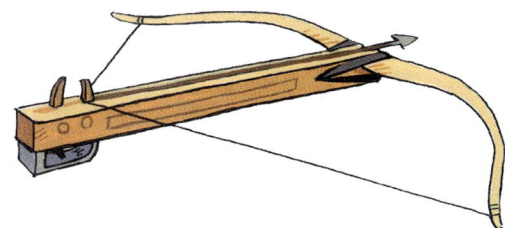

La puissance de l'arbalète

Maîtrisée à partir de 500 avant J.-C. environ, l'arbalète comporte une armature en bois et un mécanisme en bronze. Ce dernier permet de tendre la corde pour propulser avec une extrême violence la flèche des arbalètes, que l'on appelle le carreau.

Quels sont les avantages de cette arme par rapport à l'arc ? Tout d'abord sa puissance : les carreaux sont envoyés jusqu'à 1 kilomètre et peuvent percer les armures les plus épaisses. De plus, puisque la corde n'est pas maintenue par les doigts, le combattant peut prendre le temps d'ajuster son tir.

Mais cette arme a aussi un défaut : on ne peut pas tirer rapidement, car il faut retendre la corde à chaque tir. Ce problème est résolu vers l'an 1000 grâce à l'invention de l'arbalète à répétition, qui permet de tirer plusieurs carreaux à la suite, en rafale.

Jusqu'à la mise au point des armes à feu, cette arme de jet n'a pas d'équivalent sur les champs de bataille. C'est pourquoi les Chinois protègent le secret de leur invention : les soldats suspectés d'avoir permis aux ennemis de s'en emparer sont immédiatement exécutés !

L'arbalète inventée par les Chinois est une arme redoutable. Lorsqu'elle est utilisée par les cavaliers des peuples des steppes, qui en récupèrent sur les champs de bataille, elle devient encore plus dangereuse, car ces combattants sont capables de tirer même monté sur un cheval lancé au galop.

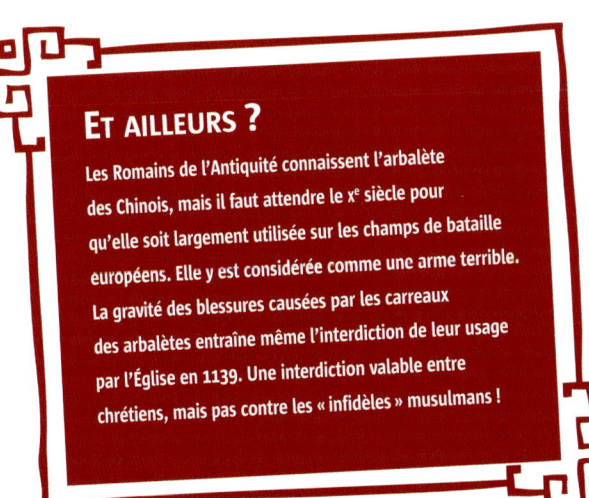

ET AILLEURS ?

Les Romains de l'Antiquité connaissent l'arbalète des Chinois, mais il faut attendre le Xe siècle pour qu'elle soit largement utilisée sur les champs de bataille européens. Elle y est considérée comme une arme terrible. La gravité des blessures causées par les carreaux des arbalètes entraîne même l'interdiction de leur usage par l'Église en 1139. Une interdiction valable entre chrétiens, mais pas contre les « infidèles » musulmans !

La poudre et les armes à feu

Pendant plusieurs siècles, les Chinois développent des armes révolutionnaires en multipliant les usages de la poudre.

De la fête...

Avant l'an 1000, les alchimistes* chinois mettent peu à peu au point la poudre, en mélangeant du soufre, du salpêtre et du charbon de bois ; c'est le premier explosif découvert par les hommes. Selon les Chinois, sa première utilisation n'est pas guerrière mais festive : grâce à la poudre, ils peuvent illuminer le ciel de superbes dessins en faisant exploser des fusées colorées. Ils les fabriquent en bourrant de poudre des tiges de bambou, qu'ils ferment par un lien bien serré à chaque extrémité. Ce sont les premiers feux d'artifice. Les Chinois sont également fascinés par les pétards qui explosent dans les rues pour les fêtes, les anniversaires, mais aussi lors des enterrements !

... à la guerre

Mais la poudre arrive bientôt sur les champs de bataille. Les combattants en enduisent la pointe des flèches, qui deviennent ainsi des flèches incendiaires, la tassent dans une boule de fer pour fabriquer des sortes de grenades, ou la compressent dans des fusées qui prennent parfois l'allure de dragons.

Les Chinois emploient aussi de dangereux lance-flammes tenus à la main. Le principe est simple : un long tube de bambou épais est rempli de poudre. Quand cette dernière est mise à feu, les soldats dirigent les flammes sur leur ennemi.

Ces tubes de bambou sont remplacés, vers le XIVe siècle, par un canon en bronze utilisant des projectiles de pierre ou de fer. Très vite, il est surnommé le « Général de Bronze » pour sa grande puissance de feu.

Les inventions des ingénieurs de l'armement chinois sont nombreuses jusqu'au XVe siècle, mais ensuite leurs armes ne se perfectionnent plus. Les Européens prennent vite le relais.

Ce dragon-poisson sert de « fusée porteuse » aux tubes bourrés de flèches et de poudre placés sur son dos. Après la mise à feu de la poudre, cet engin de mort est lancé sur les ennemis. En explosant, la poudre projette les flèches en rafale. Néanmoins, la précision des tirs est faible, car les flèches brûlent en partie et perdent leur stabilité en vol.

Le son des pétards anime les villes chinoises en toute occasion. Mais, dans ces cités où le bois et le papier sont présents partout, ils provoquent parfois de terribles incendies.

ET AILLEURS ?

Les Arabes se servent de la poudre, au xivᵉ siècle, pour lancer des flèches à partir de sarbacanes ou de canons. Puis la poudre parvient en Europe, où elle fait de nombreuses victimes sur les champs de bataille.

火藥

Une médecine traditionnelle

Pour les Chinois, le corps est à l'image de l'univers : pour être en bonne santé, il est fondamental que tous les éléments qui le composent soient en harmonie.

Le corps : un monde complexe

Les techniques des médecins chinois sont pratiquées depuis presque 4 000 ans, mais elles ont été perfectionnées à l'époque des Han, il y a 2 000 ans. Elles sont bien différentes des usages connus en Occident : elles ne visent pas à soigner les malades quand la douleur s'est installée, mais avant tout à préserver la bonne santé de chaque individu. Comment ? En maintenant une harmonie entre tous les éléments du corps, mais aussi entre le corps et l'extérieur. Pour les Chinois, chaque corps est un monde très complexe, et son équilibre peut être perturbé par des éléments externes comme le vent, le froid, l'humidité ou la chaleur, et par des facteurs internes comme la colère, le chagrin, la joie, le souci ou la peur. Selon la médecine chinoise, la peur, par exemple, joue un rôle sur le fonctionnement des reins ; la colère peut perturber le foie, etc.

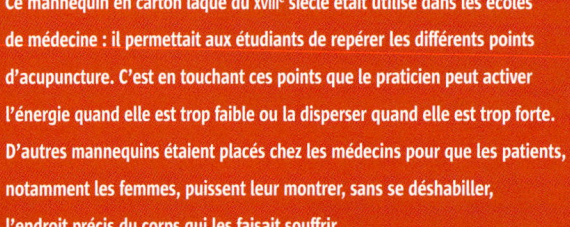

Ce mannequin en carton laqué du XVIIIe siècle était utilisé dans les écoles de médecine : il permettait aux étudiants de repérer les différents points d'acupuncture. C'est en touchant ces points que le praticien peut activer l'énergie quand elle est trop faible ou la disperser quand elle est trop forte. D'autres mannequins étaient placés chez les médecins pour que les patients, notamment les femmes, puissent leur montrer, sans se déshabiller, l'endroit précis du corps qui les faisait souffrir.

Se protéger des épidémies

Dès le XIe siècle, les médecins chinois commencent aussi à expérimenter une technique visant à immuniser* contre la variole : il s'agit d'administrer à une personne cette redoutable maladie sous une forme atténuée, pour que son corps apprenne à se protéger contre de futures attaques. Comment ont-ils imaginé cette méthode, qui se développe au XVIe siècle ? Parce qu'ils ont remarqué que les personnes qui survivent une première fois à la variole sont généralement épargnées lors des épidémies suivantes. Cette technique n'est, hélas, pas parfaite, puisqu'un petit nombre de personnes soumises à ce traitement succombent à la variole. Mais les Chinois sont les premiers à expérimenter le principe de ce qui deviendra la vaccination.

Des plantes et des aiguilles

Pour veiller sur cette extraordinaire complexité humaine et la maintenir en harmonie, les médecins chinois font appel à plusieurs techniques. Les deux plus célèbres sont les soins par les plantes (phytothérapie) et l'acupuncture.

La phytothérapie exploite les propriétés médicinales des végétaux (racines, écorces, tiges, feuilles, fleurs, graines). Elle est pratiquée sur tous les continents, mais elle est particulièrement développée en Chine, du fait de la richesse végétale du pays.

Plus spécifique de la Chine, l'acupuncture se pratique avec de longues aiguilles que l'on plante dans certains points particuliers du corps, pour équilibrer ce que les Chinois appellent le « flux vital ».

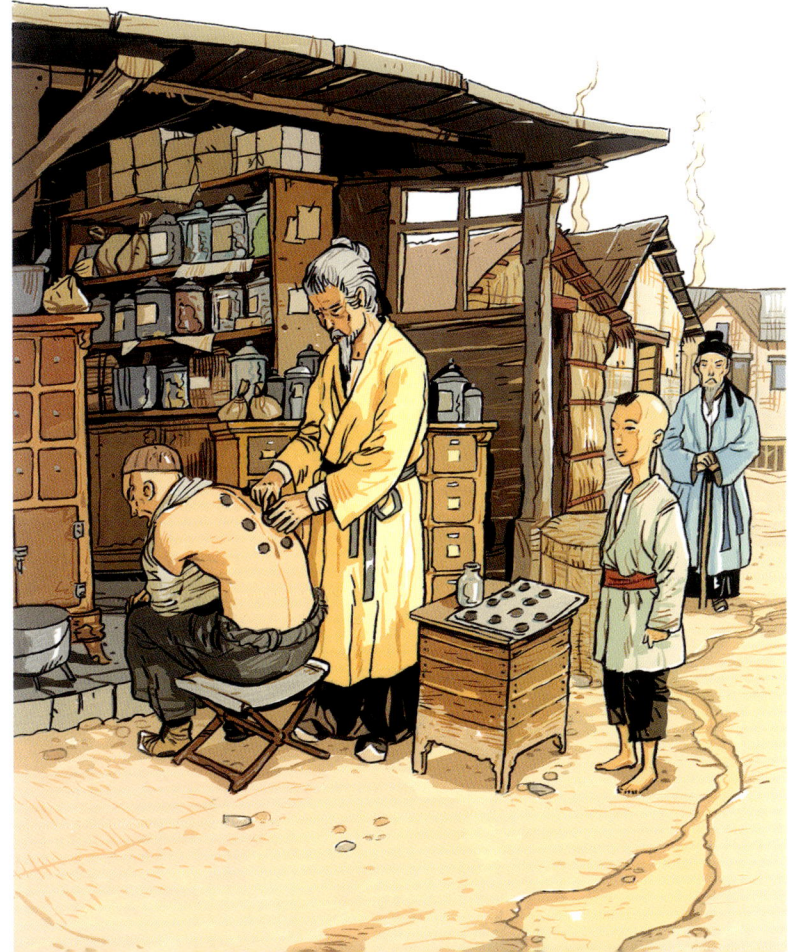

Installé devant son échoppe, ce marchand de remèdes pose des moxas sur le dos de son patient. Cette opération consistait autrefois à placer de petits morceaux de charbon de bois incandescents sur les points essentiels du corps, pour équilibrer l'énergie interne. Aujourd'hui, cette pratique a évolué et on utilise de simples emplâtres chauds à base de plantes.

Sous l'Empire, il existait des écoles officielles, mais elles étaient peu nombreuses. Les enfants étaient plus couramment instruits chez un maître : un lettré qui les recevait et enseignait chez lui. Les enfants plus jeunes apprenaient à lire, tandis que les adolescents préparaient les examens officiels. À la belle saison, les cours pouvaient avoir lieu dans le jardin du maître.

L'éducation sous l'Empire

En Chine impériale, l'éducation prend une grande importance, car elle permet d'accéder aux postes administratifs.

Apprendre auprès d'un maître

Pendant toute l'époque impériale, les jeunes Chinois des familles les plus riches reçoivent une éducation auprès d'un maître réputé dans sa ville ou dans sa région. Ils apprennent avec lui la philosophie, pour comprendre le monde, mais aussi des principes pour vivre en société. Le plus grand de ces maîtres est Confucius, dont la pensée est diffusée de siècle en siècle par d'innombrables disciples (voir p. 16 - 17).

囍 囍 囍 囍 囍 囍 囍

Former des fonctionnaires

Le système éducatif commence à se fixer au IIe siècle avant J.-C. En effet, la dynastie des Han, qui dirige le pays, souhaite mettre en place un État moins brutal, moins militaire que celui du Premier Empereur. Pour organiser la société sur un nouveau modèle, il faut de nouvelles règles, fondées sur les textes des grands penseurs. Pour que ces règles soient respectées, il est nécessaire de former une administration chargée de veiller à leur application. C'est pourquoi les écoles se développent, sous l'impulsion de l'État.

Plusieurs siècles plus tard, au VIIe siècle, le pouvoir impérial crée un système d'examens permettant de sélectionner les meilleurs fonctionnaires. Et, pour les interroger sur des sujets précis, il faut aussi établir des programmes, qui seront enseignés dans les écoles !

LE BOULIER : UN INSTRUMENT RUDIMENTAIRE MAIS INGÉNIEUX

Utilisé depuis 1 000 ans environ, le boulier chinois permet de réaliser les calculs les plus complexes en quelques secondes. Chaque colonne de boules représente les unités, les dizaines, les centaines, les milliers... Les boules rangées dans ces colonnes valent « 1 » ou « 5 » selon leur position.

Une nouvelle élite

Ce système scolaire modifie la société chinoise. Bien sûr, les enfants des puissants sont toujours avantagés, mais les examens permettent à certaines personnes moins aisées d'accéder à des fonctions intéressantes. Désormais, on peut obtenir un poste non plus seulement en raison de son nom, mais grâce à ses compétences. Cette nouvelle classe sociale des lettrés* va jouer un rôle important en Chine jusqu'à la fin de l'Empire.

Quand les missionnaires* arrivent en Chine à la fin du XVIe siècle, ils découvrent avec intérêt ce système éducatif perfectionné et l'importent en Europe.

D'ABORD POUR LES GARÇONS

Avant l'instauration des examens, les filles ont, en théorie, accès aux savoirs des maîtres. Mais, puisque les postes administratifs prestigieux sont occupés exclusivement par les garçons, les écoles de lettrés* sont bientôt aussi réservées aux garçons.

Depuis l'Antiquité, les Chinois fabriquent des cerfs-volants de toutes les couleurs, de toutes les tailles et de toutes les formes. On peut même parfois admirer des poissons nageant dans le ciel !

Des jeux inventifs

La vie des enfants chinois sous l'Empire n'est pas toujours divertissante. Ils profitent intensément des moments d'évasion que leur procurent leurs jeux et leurs animaux de compagnie.

Le cerf-volant, une passion chinoise

L'origine des cerfs-volants est bien incertaine. Invention de pêcheurs, experts en fils, en voiles et en vent ? Création de religieux pour chasser les mauvais esprits dans le ciel ? Objet militaire servant de signal à des alliés situés au loin ? Instrument utilisé pour porter des messages ou pour terroriser les ennemis ? Personne ne le sait !

Divertissement national depuis plus de 1 000 ans, le cerf-volant chinois traditionnel est formé d'une armature de bambou et d'une garniture en papier décoré d'innombrables motifs. Même chez les enfants les plus pauvres, ces objets volants en forme d'hirondelle, de dragon ou même de mille-pattes rivalisent de beauté !

l'un des nombreux personnages du théâtre d'ombres : ici une dame de la bonne société.

囍 囍 囍 囍 囍 囍

Les jeux d'ombres

Les Chinois s'émerveillent aussi devant les spectacles « d'ombre en cuir », que l'on appelle les *pi ying*. Des artistes fabriquent des dizaines de petites silhouettes en cuir peint. Puis, pour le plus grand plaisir des petits et des grands, ils jouent des petites scènes en animant ces formes dont la lumière projette les ombres sur un tissu blanc.

Les animaux de compagnie

Les enfants chinois n'ont pas beaucoup de moments d'intimité dans leurs maisons. Dans les familles pauvres, tout le monde vit en général dans la même pièce. Dans les familles riches, il y a en permanence des servantes et des domestiques. C'est pourquoi les enfants recherchent des confidents auprès d'animaux de compagnie comme les chiens. Mais ils sont rares. Le plus souvent, les petits Chinois élèvent un grillon dans une petite cage en bambou ou dans une courge séchée délicatement creusée pour cet usage. Ils leur racontent leurs secrets, leurs angoisses ou leurs joies. Certains les élèvent aussi pour organiser des combats entre insectes.

Un autre jeu traditionnel consiste à domestiquer un pigeon puis à lui attacher un sifflet à la queue. Son vol s'accompagne alors d'une charmante mélodie. Et, quand plusieurs oiseaux sont lancés en même temps, ils forment un véritable orchestre. Mais l'harmonie n'est pas toujours assurée !

Ces deux amis admirent leur grillon, sorti de la coloquinte (une petite courge) qui, pourvue d'un couvercle, lui sert habituellement de cage. Mais les garçons doivent rester vigilants pour que leur petit compagnon ne s'échappe pas.

囍 囍 囍 囍 囍 囍 囍 囍 囍 囍 囍 囍

Glossaire

Alchimiste

Ancêtre des chimistes, spécialiste de la transformation des éléments, notamment des métaux. *p. 58*

Alliage

Produit résultant de la combinaison ou du mélange de deux ou plusieurs métaux différents (le bronze est, par exemple, un alliage de cuivre et d'étain). *p. 38*

Alluvions

Couches de terre, généralement fertiles, déposées par le courant d'un fleuve. *p. 13*

Caparaçon

Armure de protection ou de parade pour les chevaux. *p. 40*

Catapulte

Machine de guerre capable de propulser des projectiles à une grande distance et en hauteur, ce qui permet de passer au-dessus des murailles des villes assiégées. *p. 56*

Chanvre

Plante dont on utilise les fibres pour fabriquer du textile. *p. 26*

Écheveau

Assemblage de fils textiles repliés plusieurs fois. *p. 42*

Écluse

Système qui permet de faire varier le niveau de l'eau sur un canal ou un fleuve en ouvrant ou en fermant des éléments mobiles (portes et vannes). Grâce à ce dispositif, les bateaux peuvent franchir d'importantes différences de niveaux d'eau. *p. 51*

Emblème

Figure ou dessin utilisé pour représenter quelqu'un, quelque chose, une idée. La colombe est, par exemple, l'emblème de la paix. *p. 25*

Épicentre

Point de la surface du sol où la secousse produite par un séisme est la plus forte et parfois la plus destructrice. *p. 47*

Fusion

Passage d'un corps solide (un métal par exemple) à l'état liquide sous l'effet de la chaleur. *p. 35, 36, 38*

Géomancien

Devin spécialiste des « influences terrestres », il se fonde sur la position des cailloux, la direction du vent ou les points cardinaux pour aider à prendre les bonnes décisions. *p. 47*

Glaçure

Enduit qui donne à une céramique un aspect vitrifié ou glacé et la rend imperméable. *p. 35, 36*

Haleur

Homme chargé de tirer les bateaux le long des cours d'eau. *p. 51*

Immuniser

Protéger quelqu'un pendant une période plus ou moins longue contre une maladie. *p. 61*

Insalubre

Malsain, dangereux pour la santé. *p. 12*

Lettré

En Chine impériale, personne connaissant parfaitement les grands textes, dont la compréhension est indispensable pour réussir les examens impériaux. *p. 20, 25, 63*

Métallurgiste

Artisan fabriquant des objets en métal. *p. 38*

Missionnaires

Religieux chrétiens envoyés dans un pays étranger pour convertir les populations au christianisme. *p. 63*

Néolithique

Âge de la pierre polie, à partir du VIIIe millénaire avant J.-C. en Chine. *p. 25, 40*

Pictogramme

Dessin figuratif, plus ou moins simplifié, qui permet de communiquer en image. *p. 25*

Plastique

Flexible, déformable et malléable. *p. 35, 36*

Poncer

Frotter une surface (en pierre, en bois, en métal, etc.) pour la rendre lisse. *p. 41*

Poreux/poreuse

Qui se laisse traverser par des liquides. *p. 35, 36*

Pratiques rituelles (ou rituel)

Ensemble de règles liées à une religion. *p. 28*

Réfractaire

Se dit d'un matériau qui résiste à de très hautes températures. *p. 38*

Sceau

En Chine, cachet en pierre ou en métal gravé de signes servant à imprimer une marque sur un document. Cette marque peut avoir la valeur d'une simple signature. *p. 25*

Sédentaire

Personne ayant un habitat fixe et vivant généralement de l'agriculture. On oppose les sédentaires aux nomades, qui se déplacent avec leurs animaux. *p. 11*

Sutra

Recueil de textes bouddhiques dans lesquels sont réunis des principes de philosophie ainsi que des règles de morale et de vie quotidienne. *p. 31*

Talisman

Objet auquel on attribue des vertus magiques de protection. *p. 31*

L'auteur remercie Geneviève Imbot-Bichet pour son aide.

Dans la même collection

Le Grand Livre des sciences et inventions arabes

Antiquité

Lao-tseu
Confucius
Shang Yang
Bouddha

221 avant J.-C

Laque

Porcelaine

Écriture officielle

Bronze

Soie

Arbalète

Qin et Han

Premier Empereur
(221-210)

Statues de Xi'an

220 après J.-C

Papier

Sismographe
Gouvernail d'étambot

Jonque

Brouette

Cerf-volant

Dynasties multiples

581

Calligraphie

Tang

Xylographie

Grand Canal

Pont d'Anji

Boussole

Routes de la soie terrestres

Grande Muraille